Vinos de ARGENTINA
La máxima expresión

Editor:
Augusto Foix
editor@photofoix.com.ar

Director de redacción:
Gustavo Choren
chorenvinos2@yahoo.com.ar

Fotografías:
Augusto Foix

Textos:
Gustavo Choren

Colaboración "Aromas y sabores
al estilo argentino":
Juan Carlos Fola
juancarlosfola@hotmail.com

Digitalización:
Photofoix
info@photofoix.com.ar

Diseño, diagramación y retoque digital:
Carola A. Quintanilla Arriagada
Nicolás Foong
info@layout.com.ar

Departamento comercial:
Augusto Foix (h)
ventas@photofoix.com.ar

Impresión:
PLATT Grupo Impresor
platt@datamarket.com.ar

I.S.B.N. N° 987-43-7901-4

Dirección Nacional del Derecho de Autor.
Exp. en tramite (inscr. N° 036769)

Las imágenes satelitales corresponden al
"Ministerio de Defensa, Instituto
Geográfico Militar"

Mapas aprobados por el I.G.M. (Ley 22963)
por exp. GG041419/5

Foix, Augusto
    Vinos de Argentina : la máxima expresión. – 1a. ed. Buenos Aires : el autor, 2004.
    152 p. ; 30x23 cm.

    ISBN 987-43-7901-4

    1. Vitivinicultura. I. Título
CDD 663.2

Vinos

de Argentina

La máxima expresión.

Augusto Foix / Gustavo Choren

Sumario

Vinos de Argentina

ALGO MAS QUE UN PAIS DEL NUEVO MUNDO

Teatro Colón de la Ciudad de Buenos Aires.

Cuando decimos que algo tiene estilo, queremos significar que tiene personalidad, que es único. Un vino con estilo es aquel que se reconoce por su singularidad, por su carácter individual que no deja dudas acera de quién lo hizo y en qué lugar. Para un consumidor global bien informado existe un estilo inconfundible, caracterizado por el color intenso, la nitidez de los aromas y la concentración del sabor frutado. "Es del Nuevo Mundo", dirá siempre quien lo bebe, ya que la última década del siglo XX fue testigo de una verdadera revolución enológica encabezada por los países vitivinícolas no europeos, que lograron imponer la idea del vino joven, potente y fresco, fácil de tomar y de entender. El estilo del Nuevo Mundo logró hacer más accesible el vino a millones de consumidores, cansados del perfil elitista y anticuado de los caldos europeos más prestigiosos. Así, cada vez más sólido, este bloque de países renovadores parece liderar las preferencias del mercado mundial de vinos. Y en él, como representante arquetípico, está la Argentina.

Pero ese mismo mercado crece y se modifica a una velocidad vertiginosa. Ya no basta solamente con ser un país "del Nuevo Mundo". Ello no asegura prestigio ni genera oportunidades. Es necesario poseer condiciones realmente especiales, imposibles de reproducir fuera del propio territorio. Frente a esa coyuntura nuestro país tiene, delante suyo y ahora mismo, una oportunidad de oro. El carácter de sus vinos está marcado a fuego por su geografía, por la altura de sus viñedos, por la amplitud de sus valles, por la claridad de sus cielos. Tal vez tengan, sí, rasgos semejantes a los demás vinos de Nuevo Mundo. Pero van más allá de eso: tienen sutilezas propias, virtudes únicas, sabores a terruño. Todo eso constituye la mejor manera de diferenciarse. Porque el vino argentino es, entre otras cosas, imposible de imitar.

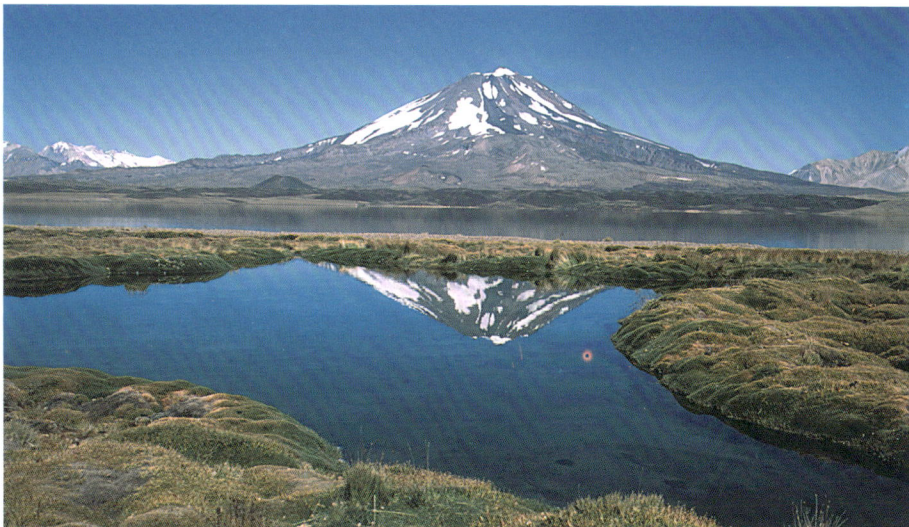

Vista del volcán Payún, en Malargüe, provincia de Mendoza.

Izquierda: imagen típica de una vendimiadora durante la década del '40.

El Obelisco, una estampa arquetípica porteña.

El Tango sigue siendo una pasión musical de los argentinos.

La crianza de ganado es una de las principales actividades del país.

Vinos de Argentina

Embalse El Nihuil, cercano a la ciudad de San Rafael, en la provincia de Mendoza.

Por debajo del paralelo 33, las regiones cercanas a la Cordillera de Los Andes presentan numerosos valles que en invierno se transforman en centros turísticos de esquí.

La máxima expresión.

DEL SURGIMIENTO

HASTA LOS TIEMPOS DIFÍCILES

Los primeros registros acerca de la plantación de vides y elaboración de vinos en suelo argentino datan del siglo XVI, pero están asociados únicamente a las correrías de los conquistadores españoles y su necesidad de vino para el sacramento de la misa. Esa producción marginal no cambió demasiado hasta la mitad del siglo XIX, cuando comenzó a cobrar las dimensiones de una verdadera industria, capaz de generar productos de una calidad aceptable y proveer el suministro mínimo indispensable para la creciente población del país. La introducción de variedades europeas de uva en 1853, el arribo del ferrocarril a las tierras de Cuyo en 1885 y la masiva llegada de inmigrantes, algunos deseosos de producir vino y muchos de consumirlo, aceleraron considera-

blemente el fenómeno. En los primeros años del siglo XX ya existía una importante oferta de vinos finos, generalmente imitaciones de productos europeos, que constituían la base del consumo de las clases acomodadas junto a una modesta pero permanente importación de los vinos franceses más famosos. También se producían, lógicamente, vinos de menor valía destinados a las clases menos pudientes.

Al finalizar la segunda guerra mundial, era evidente que esas dos franjas de producción, la de los vinos de calidad y la de los vinos corrientes, no se habían desarrollado de manera similar. Mientras que la gama de los finos empezaba a estancarse dentro en un grupo reducido de etiquetas producidas por las mismas bodegas, el vino común crecía a pasos agigan-

tados merced a las nuevas necesidades de consumo: una bebida barata para acompañar la comida de la población urbana. De esa manera, el vino de mesa no tardó en engullirse al vino de calidad, cuya agónica subsistencia se debió a los esfuerzos de un puñado de establecimientos que no resignaron nunca su filosofía de hacer las cosas.

Así y todo, el crecimiento monstruoso de la vitivinicultura nacional no se detuvo durante cuatro décadas. El consumo per cápita anual llegó a la friolera de 92 litros e incluso más, casi el triple de lo que se consume actualmente. Las bodegas ocupaban manzanas enteras en Mendoza y San Juan, donde el vino se producía y se despachaba a granel por enormes trenes, hasta su fraccionamiento en botellas retornables (como lo son actualmente las de cerveza) y damajuanas, en las no menos enormes plantas de Buenos Aires, muchas de las cuales continúan en pie, pero abandonadas, en los barrios de La Paternal, Almagro y Palermo, siguiendo la traza del ex ferrocarril San Martín.

Todo llega a su fin, sin embargo, y hacia mediados de la década de 1980 los hábitos de consumo cambiaron rápidamente. El vino perdió su status de "bebida del pueblo" y fue reemplazado por otras como la cerveza, los jugos y los amargos sin alcohol, que empezaron a ocupar su antigua posición en la mesa de todos los días. En apenas siete años, aquel consumo que superaba los 90 litros anuales por habitante pasó a menos de 40. Dentro de esa crisis fulminante y terminal, muchos empresarios naufragaron, mientras otros, más audaces y tal vez con más suerte, lograron mantenerse a la espera de nuevas oportunidades dentro del sector. Y éstas, oh sorpresa, no tardarían demasiado en llegar.

La máxima expresión.

EL RENACIMIENTO
Y LA CONSOLIDACION

En medio de lo que parecía un derrumbe imposible de apuntalar, algunas bodegas se dieron cuenta de que la crisis genera oportunidades. Aquel modelo tradicional que privilegiaba esencialmente a la cantidad comenzó a cambiar paulatinamente hacia la calidad. Ello posibilitó el lento pero sostenido acceso a los mercados internacionales, un ámbito casi desconocido hasta entonces. Como parte de esta metamorfosis de mentalidad, los vinos argentinos empezaron a verse en las ferias, las presentaciones y los concursos enológicos de todo el mundo. Paralelamente, muchos periodistas especializados en enología, provenientes del exterior, empezaron a visitar nuestro país para conocer sus potencialidades, ocultas y desconocidas hasta ese momento.

A un ritmo cada vez más sostenido, los años noventa vieron pasar una rápida y profunda transformación. Llegaron nuevos inversores que compraron viñedos y bodegas en las principales provincias productoras, incorporando tecnología de punta. Comenzaron a reordenarse los viñedos en base a una correcta identificación varietal y a la búsqueda de los mejores sistemas de labranza, riego, conducción, poda y cosecha para cada variedad y cada zona. El mejoramiento integral de las viñas permitió, en poco tiempo, alcanzar la excelencia de la materia prima. En las bodegas propiamente dichas

se hizo frecuente el uso del roble nuevo como fuente de complejidad, ampliando el espectro de posibilidades: vinos frescos, vinos complejos, vinos de guarda y otras alternativas. La varietalidad pura dio paso a los cortes originales entre cepas, prácticamente ilimitados en un país como el nuestro, poseedor de un parque de cepajes asombrosamente variado. Un simple dato más sirve para señalar lo vertiginoso de este cambio: en 1995 fueron lanzados al mercado los primeros vinos del segmento premium, Así, en menos de diez años, una industria anacrónica y paralizada pasó a ser ágil, dinámica y capaz de producir calidad competitiva a nivel mundial.

Hoy asistimos a un auge inusitado de la cultura vinícola, que encuentra nuevos caminos para adentrarse firmemente en el cúmulo de preferencias íntimas de las personas. Las áreas de negocios afines al vino, como la hotelería y la gastronomía, están rediseñando su perfil profesional para adaptarlo a las nuevas tendencias, que exigen un servicio con fuerte orientación enológica. La aparición de vinotecas con atención especializada, o de restaurantes donde el vino es tratado con veneración y respeto, marcan el inicio de una época en la que se respira un saludable aire de profesionalismo dentro de ámbitos que hasta hace poco estaban huérfanos de él. No olvidemos, sin ir más lejos, la pobreza que reinaba al respecto hace apenas unos años, cuando era imposible recibir asesoramiento profesional, encontrar una carta de vinos amplia y bien presentada, o beber un vino a la temperatura correcta.

Así, sin prisa pero sin pausa, al vaivén de las tendencias actuales, el vino argentino se abre nuevos caminos y continúa gozando, por ahora, de muy buena salud. La llegada al sector de nuevas inversiones no parece detenerse, pero seguramente será el propio mercado el que dirá "basta" en algún momento. El crecimiento se mantendrá mientras se respete al producto en su naturaleza, evitando la masificación indiscriminada. La historia, sin ir más lejos, nos enseña lo que ocurre cuando la producción se dispara y el vino se bastardea. Ojalá no volvamos a repetir el mismo error.

Vinos de Argentina

ARGENTINA, CRISOL DE UVAS

Pocos son los expertos extranjeros que no se hayan sorprendido por la cantidad y variedad de cepajes vitícolas que se cultivan en Argentina. Casi como un rasgo característico de los viñedos de nuestro país, es normal la convivencia en una misma finca de uvas francesas, italianas, españolas, alemanas, portuguesas y griegas, por mencionar sólo a las más importantes. Para un observador desprevenido, semejante diversidad parece responder a una planificada estrategia agrícola, pero lo cierto es que no existe ningún elemento histórico que permita sostener la hipótesis de un desarrollo intencional de los viñedos, al menos hasta la década de 1990. Por el contrario, todo indica que las diferentes variedades de uva se incorporaron al encepado nacional de un modo meramente circunstancial. De manera lenta pero sostenida, los inmigrantes europeos que se asentaron en las regiones productoras de vino desde 1850 hasta 1920, fueron implantando material vitícola traído por ellos mismos desde sus países de origen. Es lógico suponer, también, que muchas de esas uvas no lograron adaptarse a la ecología de los viñedos argentinos y terminaron desapareciendo por completo en la primera mitad del siglo veinte.

Pero otras sí lograron aclimatarse y se quedaron para siempre. El Malbec y el Torrontés constituyen, sin duda, los casos más emblemáticos, aunque existen en la Argentina enormes extensiones cultivadas con variedades clásicas de primera línea, como las francesas Chardonnay, Semillón, Sauvignon Blanc, Chenin, Syrah y Pinot Noir, la española Tempranillo, la alemana Riesling y las italianas Sangiovese y Barbera. Como si semejante patrimonio vitícola fuera insuficiente, es notoria también la presencia de una larga lista de cepajes menos conocidos y prestigiosos, como el Ugni Blanc, el Bequignol, el Tannat, el Bonarda, el Pedro Giménez y el Moscatel de Alejandría, algunos de los cuales se prestan, incluso, a profundas discusiones técnicas entre los especialistas, quienes no logran alcanzar una certeza absoluta sobre la verdadera identidad de los cultivares. Para completar el cuadro, este verdadero crisol de uvas se ha visto mejorado y completado en el último quinquenio gracias al interés de muchas bodegas en desarrollar nuevos productos. Así, la reciente implantación de variedades como Viognier, Verdelho, Agliánico, Montepulciano, Zinfandel, Cabernet Franc y Nero D´avola – mencionando, una vez más, sólo una fracción de un total mucho mayor- parece dotar a la industria del vino de un renovado impulso por experimentar sin descanso en la búsqueda de sabores diferentes y novedosos.

CHARDONNAY

Situada en primer lugar entre las variedades clásicas, es responsable del carácter cremoso y envolvente de los grandes blancos de la Borgoña francesa y parte integrante de los mejores Champagnes. En Argentina es muy apreciada, igual que en todo el resto del mundo, debido a su capacidad para madurar bien y producir una amplia gama de vinos que van desde las bases para espumantes hasta los corpulentos varietales fermentados en barricas de roble, pasando por frescos y elegantes vinos sin madera. Sus descriptores primarios más frecuentes son las frutas tropicales y la manzana; los ejemplares más densos evolucionan en botella hacia los tonos de nueces y miel.

CHENIN

Finísima cepa francesa originaria del Valle del Loira, donde da lugar a muchos blancos secos y dulces. Su adaptación a los terruños argentinos ha sido históricamente muy buena y contó siempre con una importante extensión de cultivo. A pesar de ello, es raro encontrarlo como varietal, siendo mayormente utilizado para aportar frescura y estructura ácida a numerosos vinos blancos de corte. Para describir su aroma se recurre mayormente a la analogía con la cáscara del durazno blanco.

SAUVIGNON BLANC

Antiguo cepaje del sudoeste galo, donde integra la mayor parte de los blancos secos de Bordeaux y también el dulce y afamado Sauternes. Hasta la década de los noventa estuvo poco desarrollado en Argentina, debido a su peculiar comportamiento vegetativo y a las confusiones de identidad que lo entremezclaban con uvas de menor valor enológico como el Tocai Friulano y el Sauvignonasse. En los últimos años ha gozado de una importante expansión de su cultivo. Con bajos rendimientos y un manejo del viñedo que apunte a proteger los racimos de la luz excesiva y mantener alta su acidez natural, logra desplegar sus intensos aromas de tipo salvaje que recuerdan a los vegetales, la clorofila, los cítricos y, eventualmente, a un curioso matiz olfativo que se define como "pis de gato". En otros casos, puede desarrollar aromas a frutas blancas, pero no es ése su carácter primario más deseable.

SEMILLÓN

La principal uva blanca de Bordeaux, que alcanza notorios niveles de calidad en los terrosos y minerales blancos secos de la región y en las comarcas de Sauternes y Barzac. Implantado en Argentina desde fines del siglo XIX, nunca gozó de una buena fama a pesar de sus innatas condiciones para producir vinos de alta calidad y sorprendente longevidad. Amante de los climas frescos y moderados, encuentra sus mejores expresiones en las partes altas de Mendoza y en el Alto Valle del Río Negro. En Cuyo adquiere tonos aromáticos de frutas blancas y miel, mientras que en la Patagonia aparecen acentos de manzanas y tierra. En ambos casos, evoluciona muy bien en botella hasta formar complejos matices olfativos.

VIOGNIER

Originario del Valle del Ródano, este vidueño se sublima en una pequeña comuna llamada Condrieu y da vida a uno de los vinos blancos más apreciados y escasos del mundo. Los últimos años del siglo XX vieron aparecer un furor por el Viognier en todo el Nuevo Mundo. Siguiendo esa corriente, la industria vitivinícola argentina rápidamente comenzó a cultivar y ensayar vinificaciones con el cepaje. El Viognier argentino conserva intactas las cualidades originales del blanco sólido e intensamente frutado, que se presta para la elaboración en acero inoxidable o la fermentación y crianza en barricas de roble. En los vinos frescos, aparecen tonos de flores, frutas tropicales y un inconfundible descriptor de caramelo. Cuando se practica la elaboración en roble, surgen aromas almendrados al cabo de algunos años.

RIESLING

A pesar de ser el emblema de los vinos alemanes y de muchos blancos secos y dulces de todo el centro de Europa, el Riesling no cuenta con una significativa superficie de cultivo en Argentina. Al hecho de haber estado confundido durante años con otras variedades se suma su escasa adaptación a los climas cálidos. Sólo prospera merced a rendimientos muy acotados en zonas templadas o frías. Allí, pueden obtenerse delicados pero contundentes vinos de alta acidez y un típico aroma cítrico y floral, con reminiscencias minerales que se describen frecuentemente como sabores "metálicos". Su evolución en botella es excelente y llega a alcanzar asombrosos niveles de complejidad, con fuertes tonos tostados que le otorgan una inequívoca personalidad.

GEWÜRZTRAMINER

El origen de esta variedad se sitúa en el norte de Italia bajo el nombre de Traminer. Mutaciones posteriores dieron lugar a la aparición de clones de color sonrosado y aroma más marcado, definidos genéricamente como Gewürztraminer. En Argentina sólo se lo cultiva en zonas bien altas y frías, a pesar de lo cual existen pocos pero bien logrados vinos blancos en versiones secas y dulces. Elaborado con los cuidados necesarios, muestra un aroma personal y un cuerpo sólido, sin resignar nunca la frescura merced a una alta acidez natural. Sus aromas más frecuentes son los del tipo floral y cítrico, con la eventual aparición de rasgos delicadamente vegetales y especiados.

TORRONTES

La única cepa considerada autóctonamente argentina, producto de la mutación de algún tipo de Moscatel traído por los conquistadores españoles en los siglos XV y XVI. Sin embargo, no debe confundirse con la uva homónima de Galicia, hoy casi erradicada, con la que no tiene parentesco alguno. Ha sido tradicionalmente implantada en el noroeste argentino, donde aún hoy logra su máxima expresión, a pesar de que se encuentra cultivada en todas las regiones productoras desde Salta hasta Río Negro. Las autoridades vitivinícolas distinguen tres tipos de Torrontés, pero es sólo el llamado Riojano el que presenta las auténticas características genéticas de la variedad. Su fragante e inconfundible aroma se asocia a las flores como la rosa, el jazmín y el geranio, siendo ocasional la aparición de efluvios especiados. En forma más reciente se ha practicado su elaboración como vino dulce y como espumante, con excelentes resultados en ambos casos.

Sus descriptores

Chenin: damasco, durazno, miel, flores blancas, frutas de pulpa clara.

Semillón: pasto seco, miel, anis, pan tostado, cítricos, manzanas verdes.

Sauvignon Blanc: hierbas silvestres, pasto cortado, ruda, pólvora fresca, pis de gato.

Chardonnay: anana, melon, manzana, banana, vainilla, pan tostado, nuez y manteca.

Torrontes: rosa, jazmín, ruda, oregano, uva moscatel, fruta enlatada.

Riesling: cáscara de naranja, resinas, limón, miel.

Viognier: caramelo de miel, almendras, melon, banana.

Gewürztraminer: miel, manzana, hierbas, cítricos.

La máxima expresión.

CABERNET SAUVIGNON

Antiguo, noble y afamado cepaje del sudoeste de Francia. Constituye la quintaesencia de los grandes vinos de Bordeaux y es el ícono de los tintos potentes y duraderos más reconocidos del planeta. Se cultiva con éxito en todo el mapa vitivinícola argentino debido a su excelente plasticidad que le permite adaptarse sin problemas a diferentes climas y suelos. De acuerdo a la ecología de las distintas zonas productoras, presenta sutiles características diferenciales. En el NOA alcanza una asombrosa intensidad de color en el marco de aromas a moras y pimiento verde. En Cuyo se intensifica el carácter frutado descripto como grosellas maduras, mientras que en las regiones más australes se potencian los sabores minerales y terrosos. El añejamiento en madera y botella le confiere una elegancia particular, con aromas a tabaco, cuero y especias.

MERLOT

Distinguido cepaje galo responsable del prestigio de muchos de los buenos tintos de Bordeaux, especialmente en la comuna de Pomerol. Tiene un indudable y antiguo parentesco genético con el Cabernet Sauvignon aunque su maduración es más rápida, su textura más suave y su fama mucho menor.

En Argentina prefiere los terruños altos y frescos, en especial el Valle de Uco y la Patagonia. Con bajas producciones y un buen manejo del viñedo el Merlot se traduce en un vino delicado, de paladar intenso sin llegar a ser potente. Los aromas que lo identifican se describen como pimiento dulce, cedro, grosellas y especias.

MALBEC

Variedad productora del vino tinto argentino más emblemático, reconocido mundialmente como el mejor en su tipo. Si bien su origen está en el sur de Francia, nunca alcanzó en su terruño natal la calidad que logra en Argentina. El Malbec fue plantado por primera vez en Cuyo hacia mediados del siglo XIX y desde entonces agradó a los productores debido a su capacidad para madurar bien y transformarse en un vino de buen color, cuerpo completo y arrollador carácter frutado. En la actualidad existen numerosas variantes de elaboración para el Malbec, desde los vinos jóvenes y simples hasta los gruesos y contundentes con larga crianza en barricas, pasando por los rosados, los espumantes y los licorosos al estilo del Oporto. En todos los casos, sus aromas primarios se destacan por los matices de ciruelas maduras –a veces menta- y su sabor por la capacidad de llenar el paladar sin agresividad, merced a sus taninos dulces y redondos.

SYRAH

Durante largo tiempo se le asignó un dudoso origen persa, pero descubrimientos recientes hablan de un nacimiento francés localizado en su actual terruño de preferencia, el Valle del Ródano. Históricamente se lo utilizó para vinos de corte, pero en la última década su cultivo se expandió de manera generalizada. Contrariamente a lo que sucede con el Merlot, el Syrah se adapta mejor a las regiones de fuerte insolación como el Valle de Tulum, en San Juan, y los departamentos del este de Mendoza. Bien elaborado, presenta todos los rasgos comunes a los tintos robustos y llenos: colores intensos, textura plena y aromas que varían desde los florales, en su juventud, hasta los especiados y animales, luego de la crianza en roble y botella.

PINOT NOIR

La cepa de los grandes tintos de la Borgoña, en Francia, donde su fama compite con la del Cabernet Sauvignon a la hora de elegir el mejor vino tinto del mundo. Lamentablemente, el Pinot no se adapta con facilidad a otras regiones y resulta realmente difícil reproducir sus mejores características fuera de su tierra natal. Poco cultivado en Argentina hasta mediados de los noventa, cuando su implantación comenzó a crecer sin llegar nunca a los niveles de cultivo de sus pares tintos. Hoy es frecuente encontrarlo como integrante de las bases para los mejores espumantes –vinificado en blanco–, mientras que también se logran muy buenos ejemplares varietales tintos. De acuerdo a los diferentes clones –es la variedad que más rápido produce mutaciones–, su color va desde el rubí hasta el rojo intenso, conservando siempre los aromas a frambuesas, remolacha y tierra que lo caracterizan.

TEMPRANILLO

Los más prestigiosos tintos españoles de Rioja y Ribera del Duero tienen como base a esta variedad. Cultivada en Argentina desde hace tiempo, no logró superar el estigma de "uva para vinos comunes" hasta que, en los últimos años y gracias a la experimentación pionera de algunas bodegas, se lograron ejemplares de alta gama capaces de competir con sus pares del Viejo Mundo. Bien vinificado y con una crianza en roble americano –al estilo español–, logra excepcionales cualidades y una excelente capacidad para evolucionar en botella. En su juventud, exhibe aromas frutados simples de frambuesas y moras, pero los ejemplares de guarda llegan a madurar enmarcados en envolventes rasgos de regaliz y torrefacción.

BONARDA

Uva italiana del Piamonte con un largo historial argentino de confusiones, especialmente con otra variedad piamontesa, la Barbera d´Asti. Por su abundancia, su vigor y su bajo costo, siempre formó parte de los vinos tintos más económicos. Una vez descubierta su verdadera identidad, comenzó a ser elaborada como varietal y se desarrolló su potencial oculto. Produce un vino franco, honesto, de buen cuerpo y color, con aromas frutados de frambuesa y sutiles acentos anisados. Su buena estructura le permite ser añejado en barricas con buenos resultados.

SANGIOVESE

Probablemente el más popular de los cepajes italianos, integrante principal de los cortes que dan lugar al celebérrimo Chianti de la Toscana. Muy cerca de allí es la base de un tinto menos popular pero más prestigioso: el Brunello di Montalcino. En argentina se lo cultiva y produce desde hace décadas, pero fue otro de los vidueños cuyo potencial para vinos de calidad sólo se descubrió en los últimos años. Joven, presenta aromas de frambuesas y violetas; la evolución en roble y botella le dan un matiz descripto como pasas de uva, algo que recuerda al Chianti peninsular.

Sus descriptores

Cabernet Sauvignon: cassis, pimiento verde, madera de cedro, eucalipto, rúcula.

Malbec: ciruelas (frescas, sobremaduras, pasas o en compota), menta, pimienta negra, frambuesa.

Merlot: moras maduras, especias, leve pimiento, frutas rojas.

Syrah: flores (sólo el primer año), carne de caza, cuero, especias.

Tempranillo: flores, frutas rojas, membrillo, especias.

Pinot Noir: tierra mojada, remolacha, frutas rojas.

Bonarda: anís, menta, frutas rojas concentradas.

Sangiovese: violetas, frutas rojas, pasas de uva (después del tercer o cuarto año).

La máxima expresión.

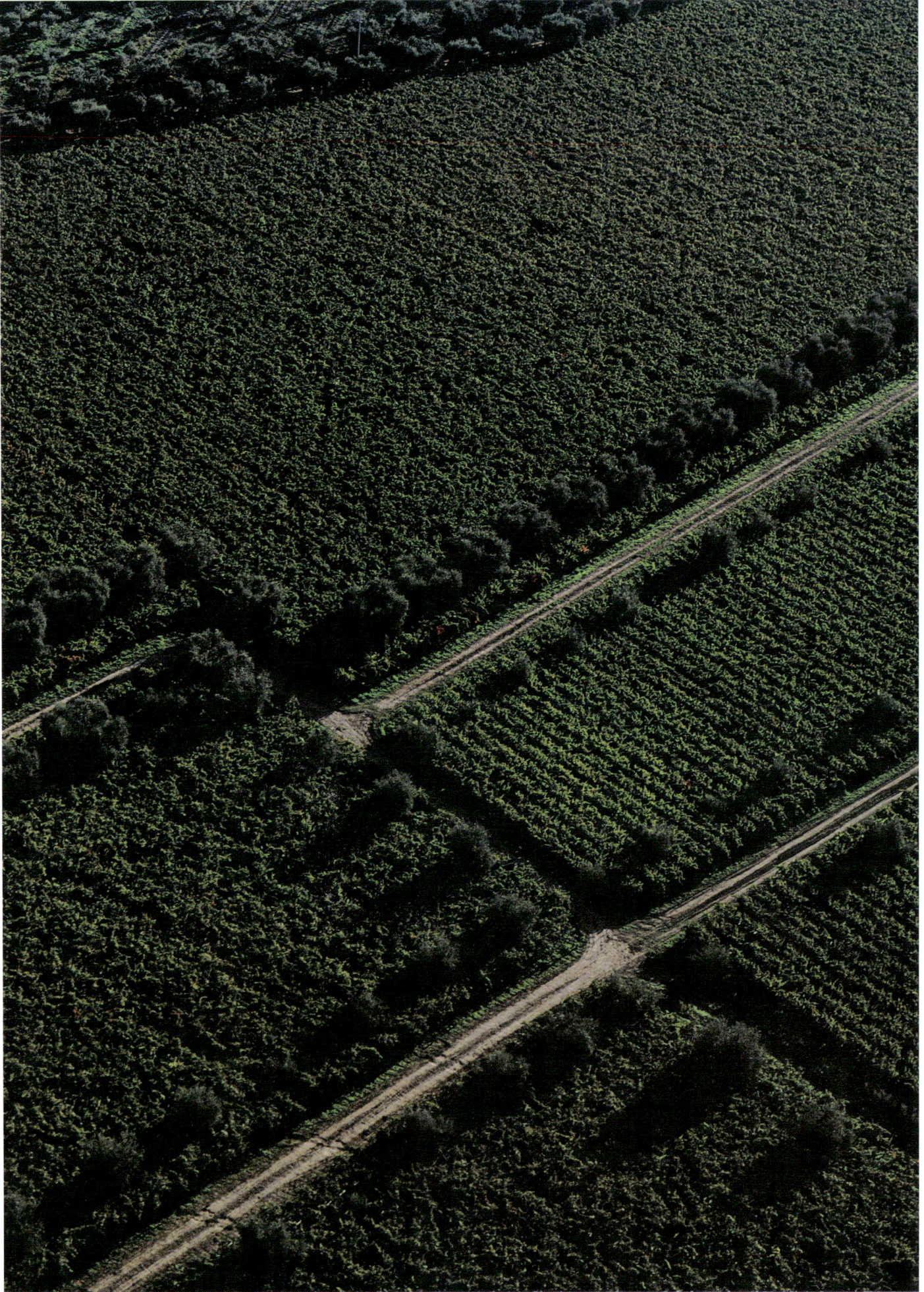

Vinos de Argentina

EL VIÑEDO,
DONDE TODO COMIENZA

Aunque muchas personas continúan creyendo que el vino se hace exclusivamente en la bodega, la naturaleza y el cuidado de los viñedos juegan un papel trascendental como únicos e irreemplazables proveedores de la materia prima, es decir, la uva, el fruto de la vid. La combinación acertada entre una cepa, el suelo donde se la planta, el clima en que se desarrolla y los cuidados que se le prodigan hasta el momento de la cosecha, son un verdadero cimiento de la calidad en todos los grandes vinos del mundo.

El ciclo vegetativo de la vid es anual y requiere de un entorno particular, armónico y equilibrado, donde sus diferentes etapas se vean afirmadas en la realidad de una viña sana, explotada sin excesos, aquella en la que el productor es capaz de "sentir" a las plantas como a sus propios hijos. La más sabia actitud del viñatero reside en cuidar al máximo el viñedo a la espera de una generosa retribución que, año tras año, llega en forma de frutos ricos y concentrados, llenos de color, aroma y sabor, ideales para producir vinos intensos, expresivos y duraderos.

La máxima expresión.

Vinos de Argentina

La máxima expresión.

LA ELECCIÓN DEL TERRUÑO

El proceso vitivinícola comienza con la elección de un ecosistema adecuado para implantar el viñedo. De acuerdo al clima de la zona, la luminosidad, la temperatura y la disponibilidad de agua en las cercanías, se escogen las variedades de uva más aptas para implantar, ya que cada una de ellas requiere de un entorno específico. Existen variedades propicias para crecer en climas cálidos, luminosos y secos, mientras que otras se prestan para vivir en zonas algo más húmedas, frías y con menos horas de sol.

Una vez conocido el comportamiento climático de la región, es necesario también realizar estudios de suelo. Básicamente, la vid se desarrolla mejor en terrenos pobres, escasamente fértiles, donde las raíces se abren paso con facilidad y el agua se escurre rápidamente. Existe una gran variedad de suelos con estas características, como los arenosos, arcillosos o calizos, con mayor o menor presencia de piedras y la muy eventual aparición de materiales volcánicos. Estas particularidades geológicas pueden darse en forma individual o combinada, por lo que la diversidad al respecto suele ser bastante amplia. También es importante evitar la presencia excesiva de salitre y de otras sustancias que puedan entorpecer el crecimiento de los cultivos y la composición de las uvas.

Para comenzar un viñedo desde cero, el suelo debe ser limpiado de malezas y luego trabajado en profundidad. Esto permite el ya mencionado desarrollo de las raíces bajo la superficie y el buen escurrimiento del agua, cuya presencia continua puede producir importantes complicaciones en la vid, planta susceptible como pocas a las enfermedades y los males derivados del exceso de humedad.

EL CRECIMIENTO DE LA VID

Concluidos estos trabajos, el productor selecciona una determinada modalidad de cultivo en lo que hace a la forma y el tamaño que alcanzarán las plantas. Este método elegido para conducir el crecimiento de las vides se denomina sistema de conducción y permite obtener la ubicación homogénea y ordenada de ramas, hojas y racimos de acuerdo a una estructura de palos y alambres por donde la planta "trepa". Así, cada método reconoce variantes de acuerdo a la distancia entre hileras y plantas, a la posición de las ramas y la ubicación de las hojas, que luego determinarán la cantidad de aire y de luz que reciben los racimos. Los dos sistemas más arraigados en la Argentina son las estructuras denominadas espalderos, por un lado, y parrales, por otro, que presentan fisonomías bien diferentes, además de ser proclives a diversas modificaciones, ya que no existe un solo espaldero ni un solo parral, sino distintos tipos dentro de cada método. Sin embargo, en esencia, el espaldero permite el despliegue del viñedo de manera horizontal (al igual que una "ligustrina" de jardín), mientras que los parrales producen un efecto que puede compararse con un "techo" de vegetación y frutos. En forma reciente, algunas bodegas han comenzado a incursionar en el sistema de copa, muy común en el Viejo Mundo, donde no se requiere de una estructura previa de palos y alambres, sino que cada planta se desarrolla en forma autónoma pero controlada, como pequeños árboles plantados de manera regular.

LA PODA Y EL RIEGO

En el transcurso de las dos primeras vegetaciones, aunque el viñedo aún no produzca uvas de calidad suficiente como para ser vinificadas (para ello se requiere de un tiempo mínimo que oscila entre tres y cinco años), el crecimiento de las vides se controla mediante la llamada poda de formación, destinada a configurar las plantas de manera definitiva, evitando que crezcan de un modo desordenado y asimétrico. Así, los brotes seleccionados mediante la poda forman los "pitones" y "cargadores", que son curvados y atados a los alambres del sistema de conducción para que los racimos se desarrollen de la manera más adecuada. Ya en plena producción, la poda de los viñedos continúa con el fin de mantener el equilibrio necesario entre fruta, ramas y hojas. Esta otra poda, llamada de fructificación o simplemente "poda de invierno", resulta fundamental para que la planta tenga una vida larga y feliz. Si tales tareas se cumplen metódicamente, una vid puede alcanzar una longevidad asombrosa, llegando a superar holgadamente los setenta u ochenta años. Esto es muy deseable para los vinos finos de alta gama, ya que, a medida que envejecen, las vides comienzan a regular su producción de manera natural, produciendo menos cantidad pero mejor calidad de uva.

Sin embargo, nada de lo visto sería posible sin el agua, elemento vital para todos los vegetales. Y aunque la vid se sitúa entre los cultivos que menor dosis del líquido elemento requieren, no deja de necesitar una cantidad razonable de él para subsistir. El clima seco y la escasez de lluvias son dos rasgos característicos de todas las regiones vitivinícolas argentinas, por lo que el riego de los viñedos se vuelve indispensable. El agua utilizada para ese fin proviene de ríos superficiales o de pozos, pero siempre se origina en el deshielo de las nieves andinas, que bañan las llanuras y los valles ubicados al pie de las montañas. El riego puede realizarse por "manto", es decir, dejando que una buena cantidad de agua corra libremente por los surcos, o por el más moderno sistema de "goteo", consistente en la instalación de pequeñas tuberías que le dan a cada cepa la cantidad exacta de agua y permiten mantener el suelo húmedo alrededor de la planta.

Vinos de Argentina

La máxima expresión.

MADUREZ Y COSECHA

En concordancia con el ciclo anual de las estaciones, el viñedo cumple su propio ciclo vital, único y misterioso, que produce la fascinación propia de la vida en cualquiera de sus formas. La llegada de la primavera anuncia la finalización del reposo invernal y las yemas de la vid se abren, naciendo así los brotes que unos 45 días más tarde se convertirán en pequeños granos de uva verde. A partir de ese momento y hasta la cosecha, cada grano experimenta una serie de transformaciones de gran importancia para la vi-

La máxima expresión.

Vinos de Argentina

La máxima expresión.

HACIENDO EL VINO

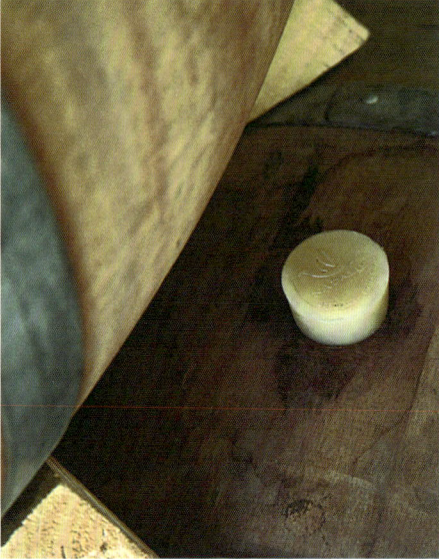

El milagro de la vid acaba de concluir, al menos hasta el siguiente año, pero otro milagro apenas comienza: el de la vinificación. Ciertamente, la transformación de la uva en vino es un hecho prodigioso a los ojos del hombre, ya que todo el proceso se realiza de manera espontánea. No es un disparate, ni mucho menos, decir que el vino se hace solo, ya que, para obtenerlo, únicamente hace falta contar con uvas maduras y un recipiente para colocar su jugo hasta que éste haya fermentado. Semejante metamorfosis, capaz de convertir un zumo de fruta dulce en una bebida de sabor profundo y delicado, es posible gracias a una serie de fenómenos absolutamente naturales. La uva tiene todo lo necesario para producir esta transformación por sí sola, sin ninguna intervención humana, pero en esas condiciones nadie puede asegurar que el proceso llegue a buen término, dado que el medio ambiente está plagado de microorganismos y bacterias capaces de alterarlo. Si todo queda librado a la naturaleza y el azar, tal vez la uva acabe efectivamente transformada en vino, pero casi con seguridad éste tendrá un carácter rústico, agresivo, carente de aromas y sabores agradables.

Vinos de Argentina

La máxima expresión.

El papel del hombre, por lo tanto, reside en controlar el proceso de principio a fin, ofreciéndole a la naturaleza las condiciones ideales de temperatura, higiene y estabilidad biológica para que ese zumo de uvas concluya su camino de la manera más deseable. Cuando el grano de uva se rompe, el mosto (su jugo) entra en contacto con levaduras naturales (que se encuentran literalmente "pegadas" a los granos), capaces de metabolizarlo y producir con él alcohol y otros elementos secundarios. Gracias a la tecnología y los conocimientos actuales, este fenómeno, aunque natural y espontáneo, resulta altamente controlable. El uso de gases inertes, los equipos de frío, los tanques de acero inoxidable y las modernas líneas de embotellamiento permiten producir vinos más naturales, capaces de mantener inalterados los aromas y sabores propios de las uvas que les dan origen.

La máxima expresión.

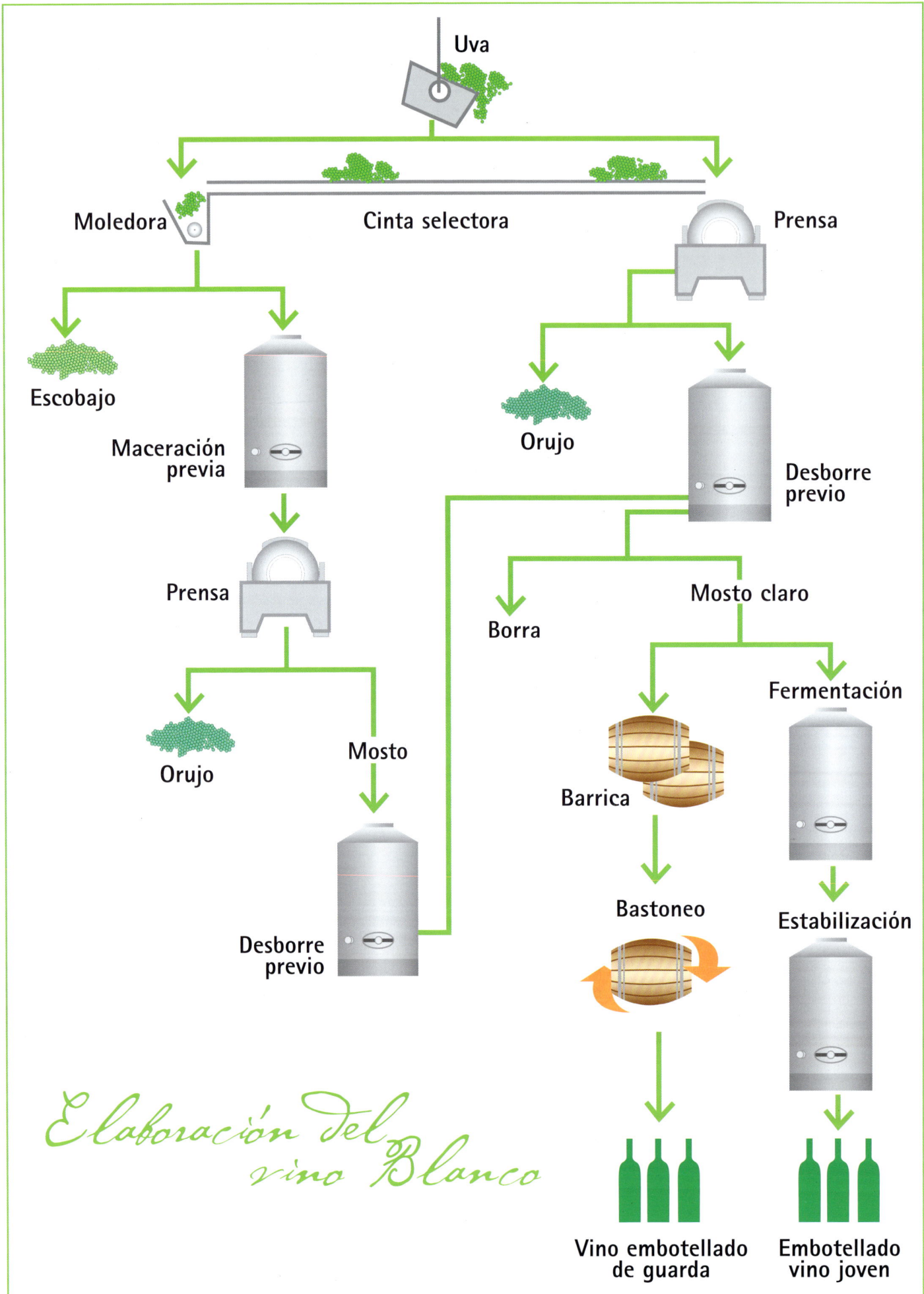

Uva

Moledora

Cinta selectora

Prensa

Escobajo

Maceración previa

Orujo

Desborre previo

Prensa

Mosto claro

Orujo

Borra

Fermentación

Mosto

Barrica

Bastoneo

Estabilización

Desborre previo

Elaboración del vino Blanco

Vino embotellado de guarda

Embotellado vino joven

Vinos de Argentina

LA VINIFICACIÓN EN BLANCO _____

Al comenzar el proceso de elaboración de los vinos blancos, existen dos opciones. Una es prensar los racimos enteros, a fin de separar desde el comienzo las partes sólidas de la uva (piel y semillas) del jugo. Recordemos que el hollejo de las uvas blancas no contiene pigmentación ni componentes sólidos, por lo que no resulta imprescindible que permanezcan en contacto con el jugo durante la fermentación. Sin embargo, existe también otra opción, que es moler las uvas y llevarlas a un tanque para que, durante varias horas y a bajas temperaturas, las pieles y el jugo estén en contacto y se maceren ligeramente. ¿Con qué propósito? Simplemente, lograr que los hollejos cedan una mayor cantidad de aromas al jugo, ya que ellos son ricos en compuestos aromáticos.

Aún en esta segunda metodología, la etapa del prensado es inevitable. Una vez que, a criterio del enólogo, pieles y jugo ya tuvieron suficiente tiempo juntos, la masa se descuba y se prensa para separar, ahora sí, las partes sólidas. De ese modo, tanto en el método de prensado directo como en el de maceración previa, ambos caminos vuelven a unirse en este punto: el mosto de las uvas blancas es llevado hacia la pileta o el tanque de fermentación para que comience su transformación en vino.

Como hemos visto anteriormente, las propias levaduras naturales de la uva son capaces de fermentar el jugo, pero muchas veces se recurre a las llamadas levaduras seleccionadas, que se adicionan para tener un control todavía mayor sobre el proceso fermentativo. Al cabo de varios días, que

pueden oscilar entre siete y quince, las levaduras habrán agotado todo el azúcar y lo habrán transformado en alcohol, gas carbónico (que, por supuesto, no queda retenido en el vino) y algunos componentes secundarios que enriquecen el espectro aromático y mejoran la calidad.

El vino debe pasar aún por una serie de procesos que aseguran su estabilidad biológica y su limpidez, ya que en este punto se encuentra muy turbio. La primera etapa es la clarificación, que apunta a eliminar las partículas más gruesas y pesadas, recurriendo a productos líquidos, como gelatinas, o sólidos, como la bentonita, los que, una vez concluida su labor, son retirados sin que dejen resabio alguno. La transparencia perfecta se logra, finalmente, haciendo pasar el vino a través de filtros de tipos muy variados, como las placas de celulosa, las membranas microporosas o las tierras filtrantes.

La máxima expresión.

LOS BLANCOS FERMENTADOS EN ROBLE

Una vez estabilizados, los vinos blancos son embotellados de inmediato para preservar su frescura y su sabor frutado.

En su gran mayoría, los blancos son vinos frágiles, muy propensos a oxidarse, oscurecerse y perder sus mejores cualidades en un tiempo relativamente corto. Por ese motivo se lanzan al mercado con rapidez, para que el consumidor tenga la oportunidad de disfrutarlos en su esplendor. Sin embargo, existen casos puntuales en donde la idea es otra. De acuerdo a la tradición de la prestigiosa región francesa de Borgoña, algunos blancos provenientes de uvas bien maduras (especialmente de la variedad

Vinos de Argentina

Chardonnay) son fermentados en pequeñas barricas de roble. Una vez finalizada
la fermentación, se los deja en contacto
con las borras durante varios meses.

Al terminar la crianza en los cascos
de roble, estos blancos resultan desusa-
damente intensos, corpulentos y complejos, ya que suman, a sus aromas varietales propios, la riqueza de matices
aromáticos obtenidos de las borras y de
la madera. Esta práctica se ha vuelto
muy frecuente en todo el Nuevo Mundo
y también en Argentina, donde existen,
además del Chardonnay, experiencias interesantes con las variedades Viognier,
Sauvignon Blanc y Semillón.

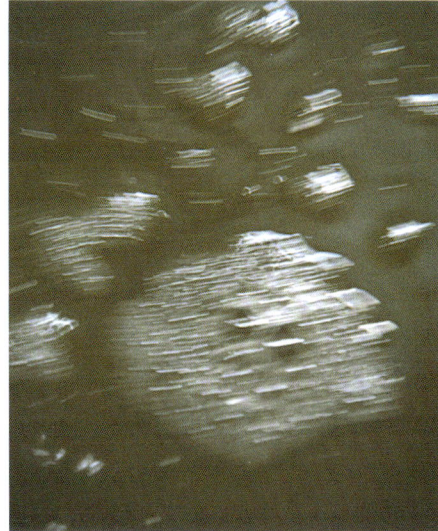

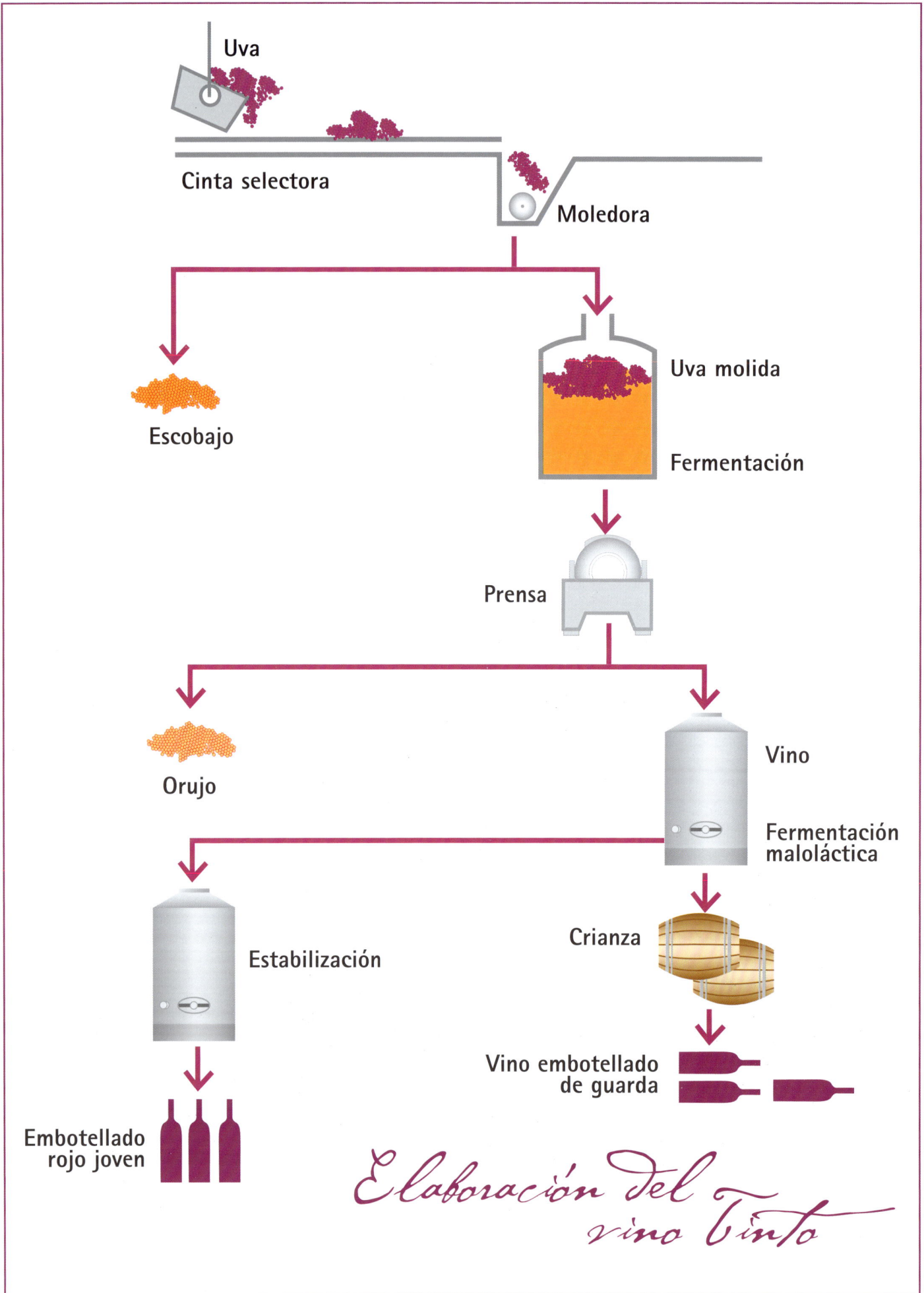

Uva

Cinta selectora

Moledora

Escobajo

Uva molida

Fermentación

Prensa

Orujo

Vino

Fermentación maloláctica

Estabilización

Crianza

Vino embotellado de guarda

Embotellado rojo joven

Elaboración del vino Tinto

LA VINIFICACIÓN EN TINTO _____

A diferencia de las blancas, las uvas tintas poseen una piel colmada de partículas sólidas capaces de transmitirle al mosto color y potencia de sabor. Por lo tanto, una vez eliminado el escobajo (o sea, la parte leñosa del racimo), la uva es molida y de allí pasa al tanque o la pileta de fermentación con todos sus componentes: jugo, pieles y semillas. Es bueno aclarar que, tanto en el caso del blanco como en el del tinto, algunas bodegas efectúan un descarte previo de las uvas dañadas y de los restos de hojas, pasando la vendimia por una cinta o mesa de selección, donde las hacendosas manos de operarios previamente capacitados eliminan cualquiera de estos elementos indeseables. Normalmente, esta operación sólo se efectúa en los vinos de muy alta gama, ya que resulta francamente difícil hacerlo para el grueso de la producción por obvias razones operativas y de costos.

Iniciada la fermentación, la fuerza del gas carbónico lleva hacia la parte superior del líquido las pieles y todos los sólidos de la uva, formando el llamado "sombrero", una especie de capa cuasi sólida que flota en la superficie del recipiente. De acuerdo a diferentes métodos, como bombear mosto de la parte inferior del tanque hacia la superior (remontaje) o hundir el sombrero (bazuqueo), se logra homogeneizar la masa, permitiendo que todo el jugo se impregne del color, los taninos y el aroma contenido en los hollejos. Una vez que la fermentación de los azúcares se ve completada, es habitual que las pieles continúen en contacto con el vino ya terminado durante varios días más, a fin de realizar una extracción completa de todos sus componentes, tan deseables para los vinos tintos. Cuando ya hay suficiente color y estructura tánica, el vino es descubado y prensado, a fin de separar, finalmente, la parte exclusivamente líquida, es decir, el vino.

En el caso de los vinos tintos, se espera que pasen por una segunda fermentación, llamada "maloláctica", que transforma el ácido málico, de gusto duro y agresivo, en ácido láctico, de gusto suave y "mantecoso". A diferencia de la fermentación alcohólica, que es violenta y "bulle", la maloláctica no puede observarse a sim-

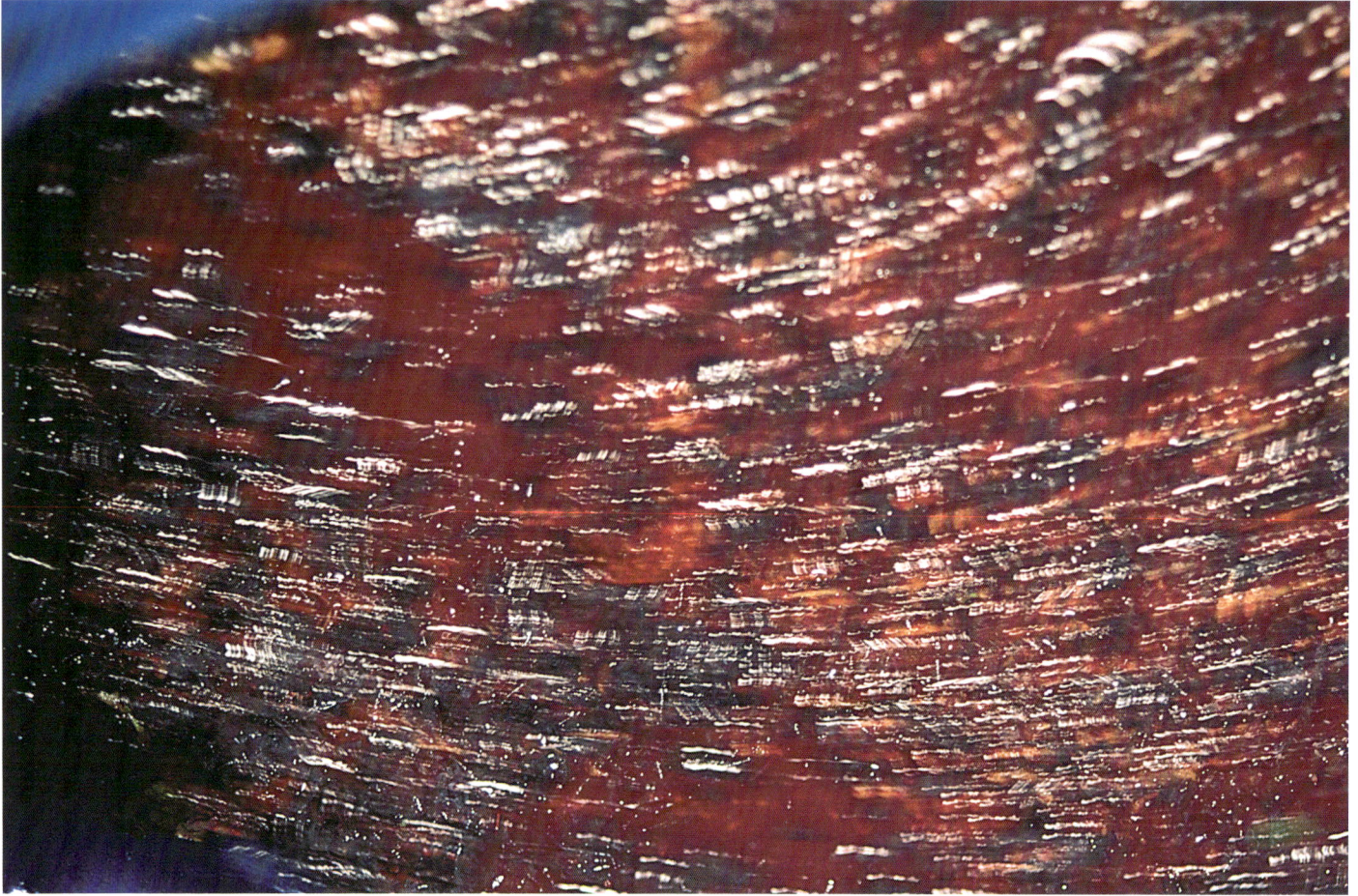

ple vista y es necesario realizar análisis y degustaciones para determinar su efectiva finalización. Pocos son, en cambio, los vinos blancos a los que se les realiza la fermentación maloláctica, ya que en ellos el ácido málico contribuye a mantener la frescura y sostener el sabor.

Muchos vinos tintos se embotellan rápidamente, como si fuesen blancos, ya que están destinados a una franja de consumo rápido que aprecia el sabor fresco y frutado. Pero los mejores, los más intensos, pasan por la etapa del añejamiento o la crianza, donde la agresividad y la rusticidad propias de la juventud se transforman en aromas y sabores más finos, armónicos y delicados. El material más apreciado para contener el vino durante esta etapa de paciente espera es el roble, que posee la capacidad de transformarlo, agregándole elementos que le proporcionan estructura, longevidad y complejidad. Durante la crianza en barricas o toneles, el vino tinto se suaviza, mientras que la porosidad de roble permite la entrada de pequeñas cantidades de oxígeno que contribuyen a estabilizar el color.

Terminado el período de crianza en madera, el vino es embotellado y se lo guarda en esas condiciones durante algún tiempo más, para que complete su ciclo de enriquecimiento aromático en la quietud y penumbra de la estiba.

La máxima expresión.

LA VINIFICACIÓN EN ROSADO

Afortunadamente revalorizados en los últimos tiempos, los vinos rosados provienen de una vinificación en tinto, pero con un tiempo muy corto de maceración entre pieles y jugo. Así como en los tintos esa maceración puede durar hasta 25 días o más, haciendo que el líquido se impregne completamente de color y taninos, en el caso de los rosados este contacto no supera las 24 a 48 horas, tras lo cual el mosto se descuba y continúa fermentando el jugo solo. Por ese motivo, el color resultante es apenas rosado (aunque variando en intensidad, desde el rosado pálido hasta el rosado violáceo muy vivo), en un vino que, exceptuando el aspecto cromático, tiene las mismas cualidades de frescura y fragilidad propias de los vinos blancos.

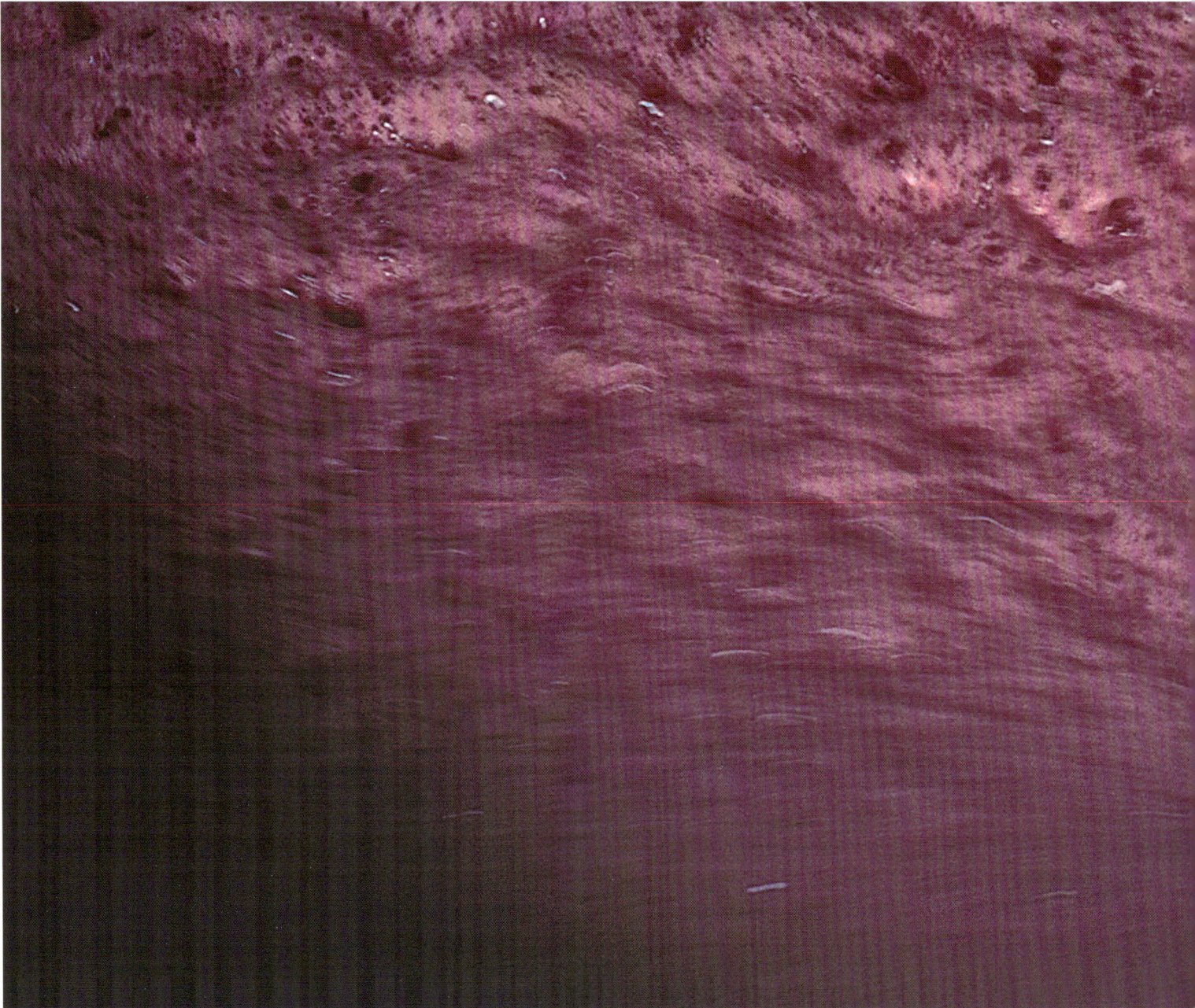

Vinos de Argentina

Una forma de vinificación en rosado se ha puesto de moda en los últimos tiempos, aprovechando la operación enológica llamada sangría. Este sistema se aplica a los tintos de alta calidad, extrayendo un porcentaje del mosto al poco tiempo de haber comenzado la fermentación y maceración, con el fin de que el vino resultante sea extremadamente oscuro y concentrado. Precisamente, ese pequeño porcentaje extraído de la cuba a las 24 o 48 horas de iniciado el proceso, y que no formará parte del vino tinto, tiene la coloración ideal para ser embotellado como rosado y salir al mercado. Estos rosados han hecho posible la notable mejoría de la calidad entre los vinos de ese color, con la aparición de productos de muy alto nivel cualitativo.

La máxima expresión.

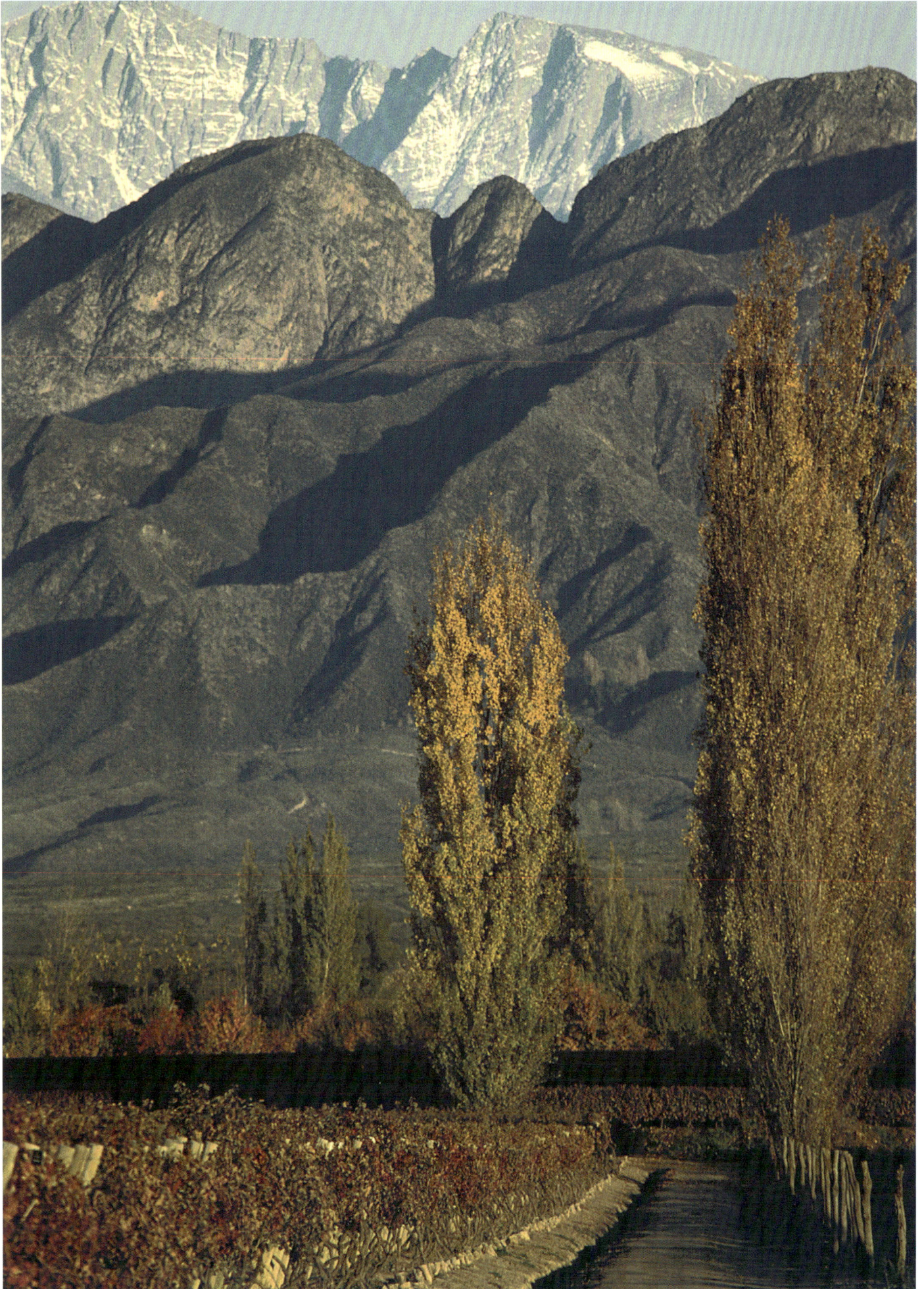

Vinos de Argentina

ARGENTINA
EL MARCO ECOLOGICO IDEAL

La Argentina es hija de la inmensidad. Desde sus orígenes, cada desarrollo humano ha sido fruto de un formidable esfuerzo por vencer las enormes distancias. Con un territorio continental de 1.818.479 km2, al que se suman 973.331 km2 correspondientes a la Antártida y las islas del Atlántico sur, es una nación poseedora de una riqueza natural y paisajística notable, donde conviven las cumbres con los llanos, la vegetación exhuberante con la aridez absoluta, los bosques con las estepas, los glaciares con las cataratas. Prácticamente no hay paisaje imaginable que no se dé en algún rincón del suelo argentino.

Dentro de esa diversidad de ecosistemas naturales, no podían faltar una serie de regiones altamente propicias para el desarrollo de la industria de vino. Salvo excepciones muy puntuales, el mapa vitivinícola del país comprende una vasta franja al oeste del territorio, ubicada de norte a sur desde los 22 hasta los 42 grados de latitud. Allí existe una superficie cultivada cercana a las 210.000 hectáreas, que ha sufrido numerosos altibajos por los motivos históricos ya mencionados, pero que hoy parece haber entrado en una etapa de relativa estabilidad.

Preferentemente situadas en valles amplios o llanuras inclinadas, las regiones del vino argentino cuentan con una serie de características bien definidas. La primera y tal vez más importante es la altitud. La cercanía del macizo andino hace que el cultivo de la vid se practique sobre planicies con pendientes del 0,2 al 7 por ciento, en altitudes que van desde

los 300 hasta los 2400 metros sobre el nivel del mar. Tal peculiaridad es única en el mundo, ya que no sólo abarca a los viñedos ubicados a las mayores alturas conocidas para la producción de vinos, sino que, además, el promedio general se ubica por encima de los 900 metros, algo que no tiene parangón en todo el planeta.

Otro rasgo distintivo del vino argentino es su condición natural, fundamentada en las bondades de un clima seco, donde las enfermedades que afectan a la vid son poco frecuentes y, por tanto, apenas necesarios los tratamientos para combatirlas. El riego permite regular la fertilidad de los suelos, recurriendo a las aguas purísimas provenientes del deshielo de la nieve y los glaciares de los macizos andinos. El cielo, casi siempre diáfano, provee abundante sol para lograr altos tenores de madurez, pero convenientemente compensado con una importante amplitud térmica (diferencia entre las temperaturas del día y de la noche), que llega a rondar los quince grados. Como dato adicional pero no menos remarcable, todos los viñedos se sitúan lejos de los centros poblados, carecen de contaminación y, mayormente, están sustentados por suelos jóvenes, escasamente labrados, lo que permite trabajar sin la adición de fertilizantes. Todo ello le imprime a los vinos un carácter arrollador, reconocible por los colores intensos, los aromas profundos y los sabores carnosos, colmados de fruta y de frescura.

Debido al evidente matiz árido y seco de la geografía descripta, es frecuente hablar de las regiones vitivinícolas argentinas refiriéndose a ellas como "oasis". Tales oasis (que realmente lo son), se encuentran clasificados en diferentes regiones y subregiones de acuerdo a un esquema bien definido. En un futuro no muy lejano, quizás, esa clasificación sirva para establecer un sistema de certificación geográfica a nivel nacional, sea DOC u otro, que abarque a todas las regiones y los vinos del país.

JUJUY

SALTA

PARAGUAY

FORMOSA

TUCUMÁN

CHACO

CATAMARCA

SANTIAGO
DEL
ESTERO

(Arg.)

MISIONES

CORRIENTES

SANTA FE

Océano Pacífico

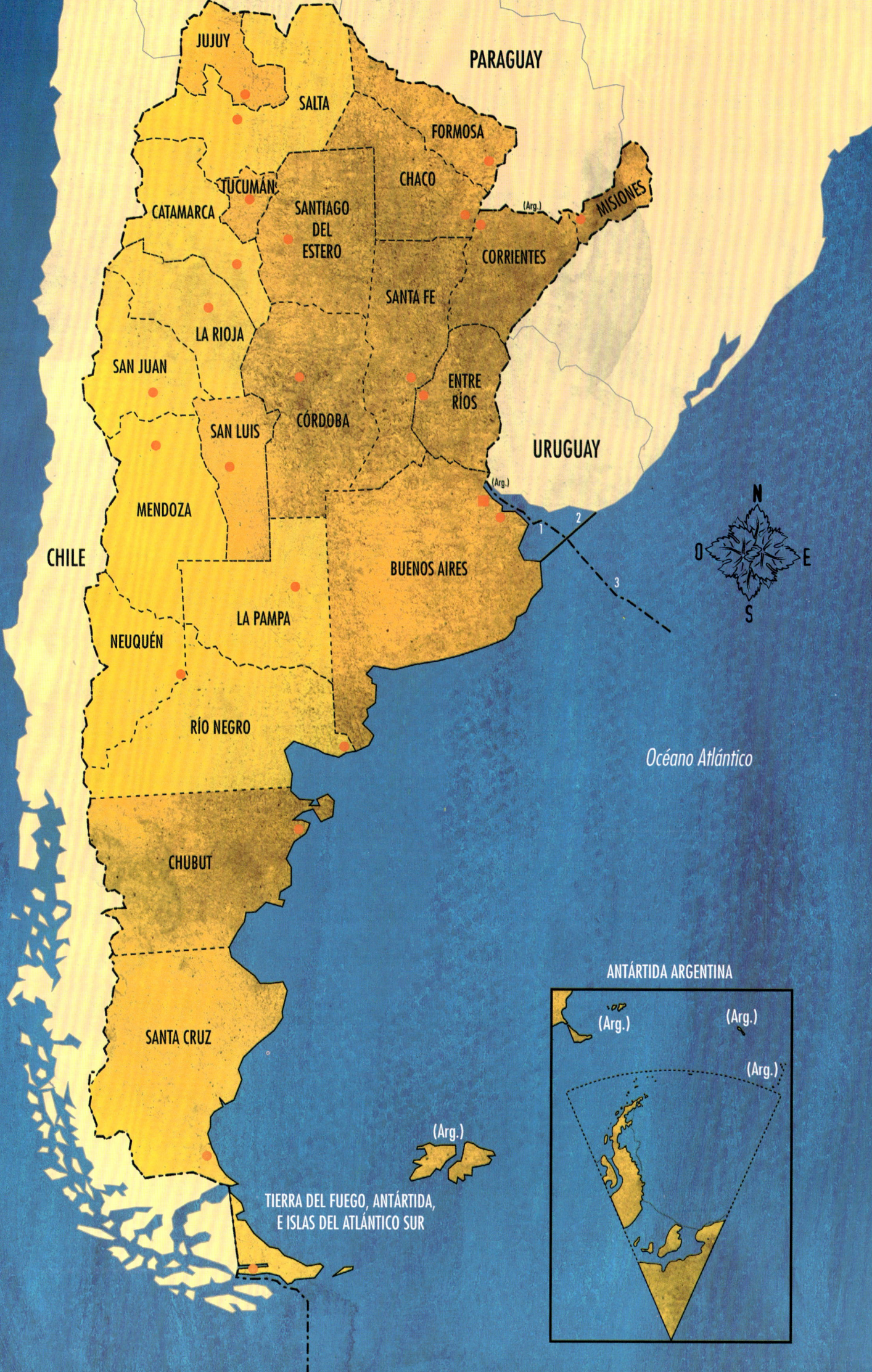

LA RIOJA

SAN JUAN

ENTRE
RÍOS

CÓRDOBA

N

SAN LUIS

URUGUAY

O

E

CHILE

MENDOZA

(Arg.)

1

2

S

BUENOS AIRES

3

LA PAMPA

NEUQUÉN

Océano Atlántico

RÍO NEGRO

CHUBUT

ANTÁRTIDA ARGENTINA

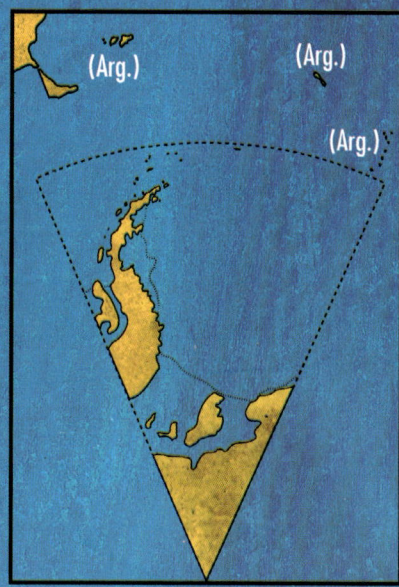

(Arg.)

(Arg.)

SANTA CRUZ

(Arg.)

(Arg.)

TIERRA DEL FUEGO, ANTÁRTIDA,
E ISLAS DEL ATLÁNTICO SUR

Vinos de Argentina

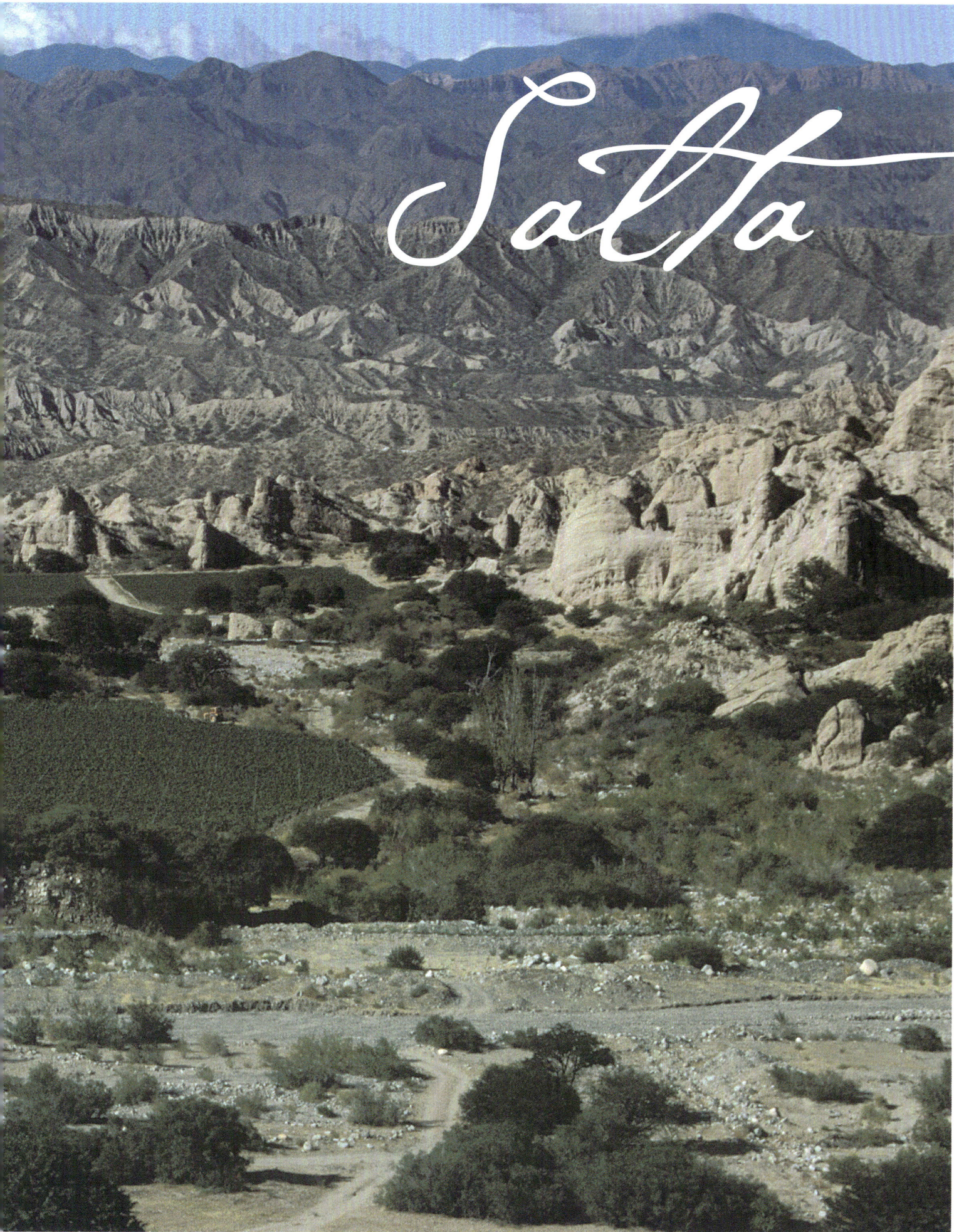

Salta

La máxima expresión.

La vitivinicultura salteña se remonta al tiempo de los conquistadores españoles, y se caracteriza por contar con un singular epicentro productor situado en los llamados Valles Calchaquíes. Si bien esa denominación pluralizada es esencialmente incorrecta (se trata de un solo valle), agrupa a diversos terruños diferenciados entre sí por la altura, que va desde los 1700 metros en Cafayate hasta los 2400 en Colomé, pasando por los 2000 en Yacochuya o el mismo valor en la comarca de La Viña.

El gigantesco valle se encuentra íntegramente contenido por cordones montañosos que le dan una forma de "V", con vértice en la localidad de Santa María, en la provincia de Catamarca. La sierra de los Pastos Grandes, la Nevada de Cachi y las Sierras de Quilmes son las formaciones ubicadas al oeste, y al este se encuentran las Sierras de Carahuasi, las cumbres Calchaquíes y el embalse de Cabra Corral.

Desde el punto de vista administrativo, comprende los departamentos de La Poma, Cachi, Molinos, San Carlos, Cafayate (principal centro urbano) y Yocavil.

Sus más de 1700 hectáreas de viñedos, unidas a la calidad de los vinos, la convierten en una región importante por derecho propio, aunque el atractivo que ejerce sobre los visitantes primerizos reside en el monumental y sobrecogedor paisaje que la enmarca. Cualquiera de las tres rutas de acceso a la ciudad de Cafayate implica un paseo que deleita e impresiona vivamente al viajero. Ya sea llegando desde Tucumán por Tafí del Valle, desde la ciudad de Salta por Cachi y Molinos, o también desde Salta pero por

JUJUY

SALTA

● **Salta**

Emb. Cabra Corral

La Viña
Alt. 2030

Río Las Conchas

Río Calchaquí

Valles Calchaquíes

Valles Calchaquíes

San Carlos
Alt. 1605

Animaná
Art. 1650

Yacochuya Alt. 2000

Tolombón ● **Cafayate**
Alt. 1618 Alt. 1750

TUCUMÁN

N

O   E

S

Sierra del León Muerto

Garganta
del Diablo

San Carlos

Animaná

Yacochuya

Cafayate

Tolombón

Vinos de Argentina

la quebrada del Río Las Conchas, el camino no tiene desperdicios para la vista.

Volviendo a los vinos, Salta ofrece una gama interesante de sabores, en la que se destacan los fragantes blancos de Torrontés, la variedad más típica de la región. Las superlativas condiciones ecológicas le permiten también obtener formidables tintos en base a Cabernet Sauvignon y Malbec, dotados de color profundo y cuerpo completo. También se cultivan las consabidas Chardonnay, Chenin, Sauvignon Blanc, Merlot y Syrah, entre otras. Un dato curioso es la histórica presencia del Tannat en los viñedos cafayateños, muchas veces entremezclado en las hileras con Malbec, pero otras solo y bien identificado, lo que permite obtener oscuros y potentes varietales.

Domingo Hnos.

Fundación: 1960
Ubicación: Cafayate, Salta.
Capacidad: 6.000.000 litros
Marcas: Palo Domingo, Domingo Molina, Finca de Domingo y Domingo Hnos.
Fincas: 150 hectáreas

Variedades: Malbec, Cabernet Sauvignon, Merlot, Tannat, Syrah, Barbera, Torrontés y Chardonnay.
rdomingo@salnet.com.ar
osvaldodomingo@ciudad.com.ar

Etchart

Fundación: 1850
Ubicación: Cafayate, Salta.
Capacidad: 10.700.000 litros
Marcas: Etchart Privado, Cafayate Internacional, Arnaldo B. Etchart, Río de Plata, Etchart Gran Reserva.
Fincas: 300 hectáreas

Variedades: Torrontés, Chardonnay, Sauvignon Blanc, Traminer, Riesling, Gewürztraminer, Malbec, Cabernet Sauvignon, Merlot, Tannat, Syrah, Pinot Noir, Cabernet Franc, Bonarda, Sangiovese, Tempranillo, Caladoc.
sacsalta@pernod-ricard-argentina.com
www.vinosetchart.com

José Luis Mournier

Fundación: 1995
Ubicación: Paraje El Divisadero, Cafayate, Salta.
Capacidad: 12.725 litros
Marcas: José L. Mounier y Finca Las Nubes.
Fincas: 22 hectáreas
Variedades: Malbec, Cabernet Sauvignon y Tannat.
japmounier@yahoo.com.ar

Yacochuya

Fundación: 1994
Ubicación: Cafayate, Salta.
Capacidad: 95.000 litros
Marcas: Yacochuya - M. Rolland y San Pedro de Yacochuya.
Fincas: 17 hectáreas
Variedades: Malbec, Cabernet Sauvignon, Tannat y Torrontés.
arnaldoetchart@ciudad.com.ar
www.yacochuya.com

La máxima expresión.

Vinos de Argentina

Catamarca

Hasta hace apenas un par de años, pocos eran los que se animaban a mencionar a Catamarca como una provincia elaboradora de vinos de calidad. Y es que, en efecto, su industria estuvo tradicionalmente orientada a la producción de vinos de mesa o de los mal llamados "vinos regionales", generalmente blancos de calidad pobre obtenidos a partir de las uvas Cereza y Moscatel. Pero la reconversión parece haber llegado para quedarse definitivamente.

Geográficamente, los valles vitícolas catamarqueños se dividen en dos zonas. En lo que a calidad respecta, la más importante está ubicada al oeste y comprende los departamentos de Pomán, Andalgalá, Santa María y Belén, con alturas que llegan hasta los 1800 metros e incluso más. La otra es la zona del Valle de Catamarca, más tradicional en cuanto al cultivo de uvas comunes, de mesa y para pasas, que comprende Valle Viejo, Fray Mamerto Esquiú y Capayán. En las zonas más favorecidas, especialmente Tinogasta, Santa María y Fiambalá, los suelos son arenosos o pedregosos, muy aptos para el cultivo de variedades finas.

Si bien sólo una minúscula fracción de las 2800 hectáreas provinciales de viñedos corresponden a uvas de calidad, el incipiente desarrollo de vinos Syrah, Malbec y Cabernet Sauvignon (algunos de los cuales han sido lanzados al mercado con buena repercusión) le otorgan a Catamarca un promisorio futuro.

BODEGAS DE CATAMARCA

Frutos de Fiambalá
Fundación: 1996

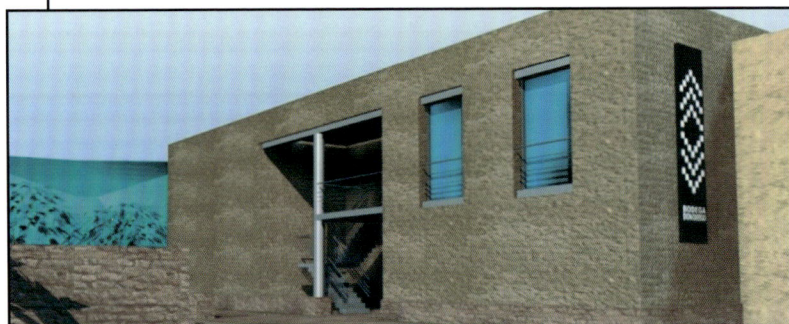

Ubicación: San Pedro, Fiambalá, Catamarca
Capacidad: 60.000 litros
Marcas: Don Diego
Fincas: 82 hectáreas
Variedades: Syrah, Cabernet Sauvignon, Malbec y Merlot.
andres@noapremiun.com
www.fincadondiego.com

SALTA

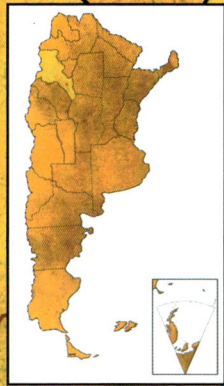

● Antofagasta
de la Sierra

Sa. Laguna Blanca

Cor. de San Buenaventura

CATAMARCA

Fiambalá ●
Termas de
Fiambalá

Ruinas Shincal

● Belén

Andalgalá ●

Sa. de Zapata

Termas de
la Aguadita

Tinogasta ●

LA RIOJA

Vinos de Argentina

La Rioja

Aunque existen pequeñas zonas aisladas donde la producción de vino alcanza cierto nivel de volumen, es en la región del Valle de Famatina que el vino de La Rioja ha cosechado su mayor fama. Este oasis abarca los departamentos de Chilecito, Famatina y San Blas de los Sauces, si bien cada uno de ellos agrupa algunas localidades específicas con peso propio, como Vichigasta, Nonogasta, Colonia Malligasta y Anguinán. El valle se sitúa entre los cordones montañosos de la Sierra de Velasco y la Sierra de Famatina. Al igual que en el resto de la geografía vitícola argentina, el clima es seco (una media anual de 185 mm de lluvia), relativamente ventoso, con un suelo aluvional de arrastre propio de los valles geológicamente antiguos. La altura es ciertamente considerable, desde los 800 hasta los 1400 metros sobre el nivel del mar.

El vino riojano ya se elaboraba hacia el siglo XVI, y son numerosos los registros históricos al respecto.

La superficie abocada hoy a la producción de vid supera las 7000 hectáreas, con un creciente porcentaje de ellas entretenido en variedades finas de alta calidad enológica. El sistema de conducción predominante es el parral, algo que podría haber generado críticas hasta hace poco tiempo, cuando muchos productores comenzaron a percatarse de la excesiva exposición al sol que producen los espalderos, especialmente en los años muy soleados. El picante sol riojano no requiere, ciertamente, de una estructura de vides que proteja a la uva del calor abrasador del verano.

Las innovaciones tecnológicas incorporadas en el último quinquenio, especialmente el riego por goteo y las maquinarias de bodega, han permitido configurar al típico Torrontés de la región como un vino blanco de aroma voluptuoso pero a la vez elegante, sin los amargores comunes en otros tiempos. Son interesantes asimismo los adelantos obtenidos en Syrah, Malbec y Chardonnay.

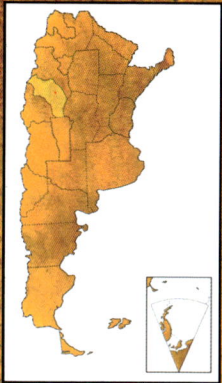

CATAMARCA

Río Amarillo

Río Capayán

Sa. de Fatima

Sa. de Velasco

Chilecito
Alt. 1030

Anguiñán
Alt. 1000

Sañogasta
Alt. 1250

Nonogasta
Alt. 920

LA RIOJA

Vichigasta
Alt. 878

La Rioja
Alt. 630

N
O   E
S

SAN JUAN

Santa Florentina

Chilecito

Anguinán

Nonogasta

Sanogasta

Vichigasta

Sierra de Famatina

Sierra de Sanogasta

Sierra de Velasco

Vinos de Argentina

La Riojana

Fundación: 1989
Ubicación: Chilecito, La Rioja
Capacidad: 64.152.700 litros
Marcas: : Santa Florentina, Pircas Negras, Valdeviña, Viñas Riojanas
Fincas: 3.987 hectáreas
Variedades: Cabernet Sauvignon, Bonarda, Merlot, Barbera, Malbec, Torrontés Riojano, Syrah, Chardonnay, Pinot Griggio, French Colombard, Sauvignon Blanc

lariojana@lariojana.com.ar
www.lariojana.com.ar

San Huberto

Fundación: 1905
Ubicación: Valle de Aminga, al pie del cerro Velazco, La Rioja.
Capacidad: 2.335.000 litros
Marcas: Premium, Crianza, Jóvenes, Velazco, Champaña.
Fincas: 200 hectáreas

Variedades: Cabernet Sauvignon, Malbec, Syrah, Merlot, Cabernet Franc, Petit Verdot, Bonarda, Semillón, Chenin, Viognier, Sauvignon Blanc, Chardonnay, Torrontes, Moscato giallo.
info@bodegassanhuberto.com.ar
www.bodegassanhuberto.com.ar

La máxima expresión.

Vinos de Argentina

San Juan

San Juan ocupa el segundo lugar en las estadísticas del vino argentino, tanto en lo concerniente a superficie de viñedos como a volumen de vino producido. Su historia nos habla de un pasado esplendoroso como generadora de vinos de mesa y vinos especiales, hasta que, a mediados de la década de 1980, el consumo de unos y de otros perdió vigencia de manera abrupta. El cimbronazo fue grande para el grueso de la industria vitivinícola argentina y para todas las regiones productoras en general, pero en San Juan representó una calamidad mucho mayor considerando esa especialización en los productos recién mencionados. Los memoriosos recordarán, seguramente, la fama de los mistelas sajuaninos, de los "vinos de licor", o de las bases para elaborar destilados, que salían al mercado bajo denominaciones europeas como "Cognac". Todo ello tuvo su fin cuando las tendencias de consumo variaron su rumbo hacia otros horizontes.

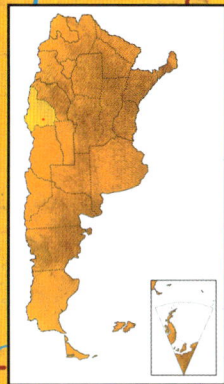

SAN JUAN

Alt. 620
Albardón

Alt. 800
Va. Gral. San Martín   Alt. 750

Embalse Ullum
Alt. 1100

Santa Lucía   Alt. 630

San Juan
Alt. 630

El Zonda
Alt. 750

Rivadavia
Alt. 700

Villa Krause
Alt. 879

Caucete
Alt. 583

Va. 9 de Julio
Alt. 580

Pie de Palo
Alt. 560

Río San Juan

El Pedernal
Alt. 1380

Río San Juan

MENDOZA

Albardón

Santa Lucía

Embalse
del Ullum

Rivadavia

San Juan

Villa Aberastain

Villa 9 de Julio

Río San Juan / San Juan River

Ruta Nac. N° 40

Los Berros

El Pedernal

Cerro Pelado

Ruta Nac. 40

Vinos de Argentina

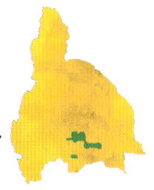

Recién en los últimos años del siglo veinte la provincia encaró una profunda reconversión, apostando sus fichas al vino de alta calidad, algo que está bien fundamentado en condiciones ecológicas aptas para lograrlo. San Juan cuenta con una sucesión de valles, que son los de Tulum (el más importante, en los márgenes del río San Juan), Ullum-Zonda, Calingasta, Jáchal, Iglesia y Fértil. Las altitudes oscilan entre los 1300 metros en el Valle de El Pedernal hasta los 600 metros en los departamentos más bajos del Valle de Tulum. Los cepajes más cultivados son Bonarda, Greco Nero (casi inexistente en otras regiones), Malbec, Moscatel de Alejandría, Pedro Giménez y Torrontés, aunque las implantaciones más recientes están privilegiando las variedades más finas, como Cabernet Sauvignon, Syrah (con gran potencial), Merlot, Chardonnay, Sauvignon Blanc y Viognier.

No hay que olvidar las riquezas turísticas sanjuaninas, en especial el Valle de Calingasta, Jáchal, el Valle Fértil y el singular Valle de la Luna, puntos imperdibles para aquellos deseosos por disfrutar de algo más que los vinos de la provincia.

Augusto Pulenta

Fundación: 1998
Ubicación: San Martin, San Juan.
Capacidad: 2.000.000 litros
Marcas: Augusto P., Valbona, Pedregales.
Fincas: 275 hectáreas
Variedades: Cabernet Sauvignon
info@augustopulenta.com
www.augustopulenta.com

Callia

Fundación: 2003
Ubicación: Valle de Tulum, Caucete, San Juan

Capacidad: 4.300.000 litros
Marcas: Callia Alta y Signos
Fincas: 241 hectáreas
Variedades: Syrah, Malbec, Bonarda, Cabernet Sauvignon, Merlot, Tannat, Chardonnay y Viognier
visitas@bodegascallia.com
info@bodegascallia.com

Don Domenico

Fundación: 1999
Ubicación: Huanacache, San Juan
Capacidad: 850.000 litros
Marcas: Finca Don Domenico, Escondido de Don Domenico
Fincas: 96 hectáreas

Variedades: Cabernet Sauvignon, Cabernet Franc, Syrah, Tempranillo, Malbec, Merlot, Bonarda, Chardonnay y Sauvignon Blanc
smv@dondomenico.com.ar

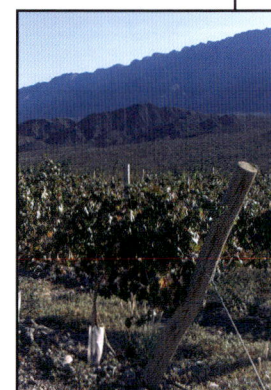

Finca Las Moras

Fundación: 1999
Ubicación: Valle de Tulum, San Juan
Capacidad: 1.500.000 litros
Marcas: Finca Las Moras.
Fincas: 470 hectáreas
Variedades: Cabernet Sauvignon, Syrah, Malbec y Viognier
www.fincalasmoras.com.ar

Graffigna

Fundación: 1870

Ubicación: Desamparados, Santa Lucía, San Juan

Capacidad: 12.800.000 litros

Marcas: Graffigna Centenario, Graffigna Línea Varietal, Colón

Fincas: Propios: 500 hectáreas

Variedades: Cabernet Sauvignon, Malbec, Merlot, Syrah, Viognier, Pinot Gri-

gio, Chardonnay, Sauvignon Blanc, Torrontés, Bonarda y Tannat

graffigna@adsw.com

La Guarda

Fundación: 2000

Ubicación: Rawson, San Juan

Capacidad: 2.100.000 litros

Marcas: El Guardado, Sangre de Viña

Fincas: 70 hectáreas

Variedades: Syrah, Cabernet Sauvignon, Malbec, Tanat y Chardonnay

bodegaslaguarda@bodegaslaguarda.com.ar

www.bodegaslaguarda.com.ar.

Santa Silvia

Fundación: 1997

Ubicación: Zonda, San Juan.

Capacidad: 70.000 litros

Marcas: Xumek

Fincas: 261 hectáreas

Variedades: Malbec, Syrah, Cabernet Sauvignon y Merlot

info@xumek.com.ar

Viñedos Pie de Palo

Fundación: 1936

Ubicación: La Puntilla, San Martín, San Juan

Capacidad: 1.500.000 litros

Marcas: Avanti, Aída, Bórbore, Martín

Fierro, La Quebrada, Cristal.

Fincas: hectáreas

Variedades: Cabernet Sauvignon, Cabernet Franc, Malbec, Syrah, Bonarda, Chardonnay, Chenin, Sauvignon Blanc, Viognier, Torrontés y Moscatel.

directorio@bodegasborbore.com

www.bodegasborbore.com

Mendoza

La máxima expresión.

Al decir que Mendoza es la más importante de las provincias vitivinícolas argentinas, es casi inevitable caer en un lugar común. Pero resulta difícil no señalar esa condición, teniendo en cuenta que ella produce más del 80% del vino nacional a partir de sus 150.000 hectáreas de viñedos. Allí se desarrolla una industria orientada cada vez más hacia la calidad, en la búsqueda de las mejores relaciones entre variedades y terruños. Ciertamente, Mendoza cuenta con una diversidad envidiable al respecto.

La geografía vitícola básica mendocina puede dividirse en dos grandes oasis, uno ubicado al norte, sobre la cuenca de los ríos Mendoza y Tunuyán, y otro en el sur, bañado por los ríos Diamante y Atuel. Estudiando atentamente el territorio, sin embargo, es posible descubrir múltiples particularidades ubicadas dentro de terruños altamente diferenciados entre sí, cada uno con su propia ubicación, altura y composición de suelos.

Una división más detallada, entonces, permite separar cinco regiones:

1) NORTE: compuesta por los departamentos de Las Heras, Lavalle, Guaymallén y partes de San Martín y Maipú.

2) ESTE: que incluye los departamentos de San Martín, Junín, Rivadavia, Santa Rosa y La Paz.

3) ZONA ALTA DEL RIO MENDOZA: departamentos de Luján de Cuyo y Maipú.

4) VALLE DE UCO: donde se ubican Tupungato, Tunuyán y San Carlos.

5) SUR: formado por San Rafael y General Alvear.

Cada región, a su vez, está felizmente salpicada por zonas con características ecológicas propias, que imprimen rasgos particulares a los vinos que allí se producen. La siguiente enumeración permite analizar esas particularidades.

SAN JUAN

CHILE

• Lavalle

Las Heras
Mendoza • Villa Nueva
Godoy Cruz • Maipú
Luján de Cuyo
San Martín
Junín
Rivadavia Santa Rosa
Embalse El Carrizal
La Paz

Río Mendoza
Río Las Tunas
Arroyo grande
Tupungato
Río Tunuyán
Tunuyán
Río Tunuyán
San Carlos

Río Desaguadero

SAN LUIS

Laguna Diamante

MENDOZA

Arroyo Los Papagayo

Embalse Los Reyunos
San Rafael
Río Diamante
Río Diamante

Río Atuel
Embalse Valle Grande
Río Grande
Embalse El Nihuil
Gral. Alvear

Malargüe •

Laguna
Llancanello

Río Grande

LA PAMPA

Río Barrancas

N
O   E
S

NEUQUÉN

Río Colorado

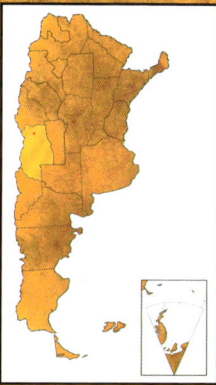

Gustavo Andrés

Lavalle

Costa de Araujo

Las Heras

Río Mendoza/Mendoza River

Mendoza

Tres Porteñas

Río Mendoza/Mendoza River

Palmira

San Martín

Cuch. Lunluntás

Los Barriales

Medrano

Junín

Río Tunuyán/Tunuyán River

Rivadavia

Embalse
El Carrizal

Vinos de Argentina

Santa Rosa

Las Catitas

Río Tunuyán / Tunuyán River

La máxima expresión.

Comprende las áreas situadas al norte de la ciudad de Mendoza, que son las de menor altura entre aquellas irrigadas por el río Mendoza. La altitud oscila entre los 600 y los 700 metros sobre el nivel del mar, con poca pendiente. Abarca los distritos de Costa de Araujo, Gustavo Andrés, Lavalle, Fray Luis Beltrán, Rodeo del Medio, San Roque, Bermejo, Corralitos, Kilómetro 11, El Plumerillo, El Algarrobal, Nueva California, El Central, El Divisadero, Tres Porteñas, El Borbollón y Colonia Montecaseros.

En los suelos predomina la arena fina y es frecuente la presencia de salitre debido a la poca profundidad de las napas. Las particularidades de esta ecología hacen preferible la orientación productiva hacia los vinos blancos jóvenes y aromáticos, así como los tintos frutados de consumo rápido. La variedades finas preferidas por los productores son las blancas Chenin, Ugni Blanc, Torrontés y Tocai Friulano, y las tintas Bonarda, Malbec, Syrah y Sangiovese.

BODEGAS DE MENDOZA-NORTE

Amadeo Marañón
Fundación: 1950

Ubicación: Lavalle, Mendoza
Capacidad: 12.000.000 litros
Marcas: Costa de Araujo, Marañón
Fincas: 450 hectáreas
Variedades: Malbec, Tannat, Cabernet Sauvignon, Merlot, Syrah Cabernet Franc, Sauvignon Blanc, Chardonnay, Chenin y Torrontés.

Ubicado en una planicie bañada por el río Tunuyan, el Este mendocino es una verdadera potencia vitivinícola considerando la superficie de viñedos y cantidad de bodegas que allí se agrupan. Su altura desciende desde 750 hasta los 640 metros, presentando diferencias sustanciales de clima, suelo y amplitud térmica de acuerdo a las distintas áreas.

En los sectores más cercanos a la ciudad de Mendoza, los suelos presentan poca capacidad para escurrir el riego. Bien hacia el Este, especialmente en el departamento de Santa Rosa, el panorama ofrece un típico marco de desierto, con un suelo areno – arcilloso que no retiene el agua. Asimismo, en esta zona se incrementa notablemente la amplitud térmica permitiendo una madurez lenta y equilibrada de las uvas.

La región está compuesta por los distritos de Reducción, La Libertad, Los Campamentos, La Central, El Mirador, Medrano, Los Arboles, Andrade, Mundo Nuevo, Santa María de Oro, Rodríguez Peña, Los Barriales, Algarrobo Grande, Alto Verde, El Ramblón, El Espiño, Chivilcoy, Las Chimbas, Alto Salvador y Chapanay.

En el Este se cultivan todas las variedades del encepado nacional, pero se destacan Chardonnay, Sauvignon Blanc, Chenin, Torrontés y Viognier, entre las blancas, así como Sangiovese, Syarh, Bonarda y Tempranillo, entre las tintas. Hay que remarcar las excelentes condiciones que se presentan para la elaboración de mistelas y vinos dulces de todos los estilos (late harvest, encabezados, con botrytis), lo cual ya se está haciendo merced al estilo innovador de las bodegas del lugar.

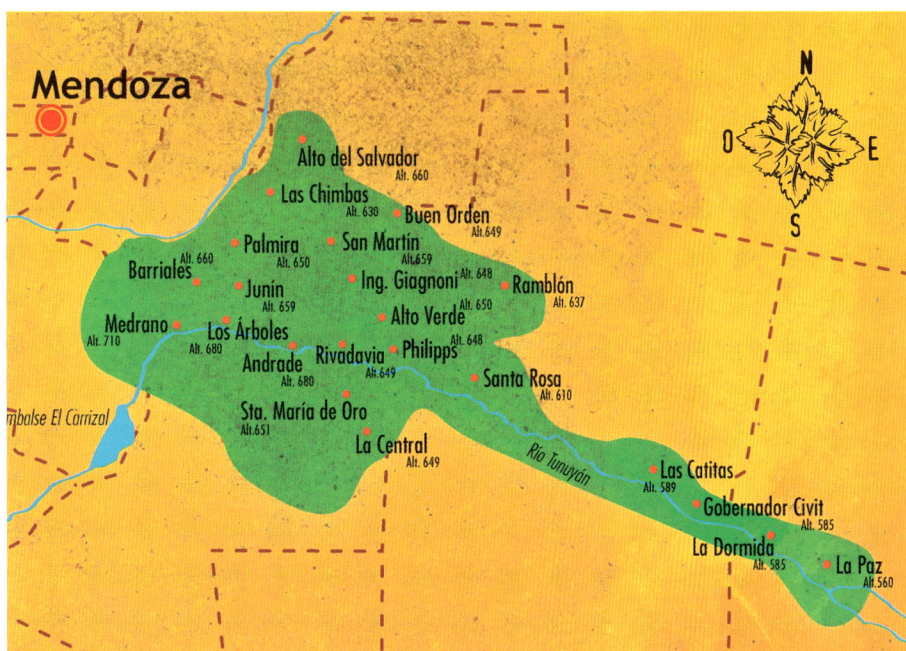

Altos Las Hormigas

Fundación: 1995
Ubicación: Medrano, Mendoza.
Capacidad: 200.000 litros
Marcas: Altos Las Hormigas Malbec y Alto Las Hormigas Reserva Viña Hormiga.
Fincas: 40 hectáreas
Variedades: Malbec.
www.altoslashormigas.com

Lanzarini

Fundación: 1936
Ubicación: Rivadavia, Mendoza
Capacidad: 9.000.000 litros
Marcas: La Ramada, Envero, Testigo
Fincas: 40 hectáreas
Variedades: Malbec, Merlot, Syrah, Bonarda, Cabenet Sauvignon y Chardonnay.
info@lanzarini.com
www.lanzarini.com

Llaver

Fundación: 1964
Ubicación: Rivadavia, Mendoza

Capacidad: 21.900.000 litros
Marcas: Llaver Oro, Familia Llaver, Félix Llaver
Fincas: 597 hectáreas
Variedades: Cabernet Sauvignon, Malbec, Merlot, Syrah, Tempranillo, Bonarda, Chardonnay y Sauvignon Blanc.
bodegallaver@bodegallaver.com.ar
www.bodegallaver.com.ar

Luis Segundo Correas

Fundación: 1860
Ubicación: Tres Acequias, Medrano, Mendoza.
Capacidad: 3.700.000 litros
Marcas: Luis Correas, Luis Segundo, Valle Las Acequias y El Ciprés.
Fincas: 400 hectáreas

Variedades: Malbec, Cabernet Sauvignon, Merlot, Syrah, Sangiovese, Bonarda, Chardonnay, Tocai, Torrontés, Pedro Gimenez y Ugni Blanc.
fcorreas@bodegacorreas.com.ar

Nofal

Fundación: 1950

Ubicación: Alto Verde, San Martín, Mendoza.

Capacidad: 1.100.000 litros

Marcas: Santa Ercilla y Tunquelen.

Fincas: 130 hectáreas

Variedades: Malbec, Cabernet, Tempranillo, Bonarda, Sangiovese, Barbera, Syrah, Chenin, Ugni Blanc y Pedro Giménez.

agronofal@speedy.com.ar

Santa Faustina

Fundación: 1999

Ubicación: Rivadavia, Mendoza

Capacidad: 26.000 litros

Marcas: Finca Santa Faustina

Fincas: 6 hectáreas

Variedades: Syrah y Malbec.

wrwines@infovia.com.ar

Porracin & Robles

Fundación: 1984

Ubicación: San Martín, Mendoza

Capacidad: 1.115.000 litros

Marcas: Ramblón, Cordón del Plata

Fincas: 47 hectáreas

Variedades: Malbec, Cabernet, Chardonnay, Chenin, Torrontés y Moscatel

info@ramblon.com

porracinrobles@arnet.com.ar

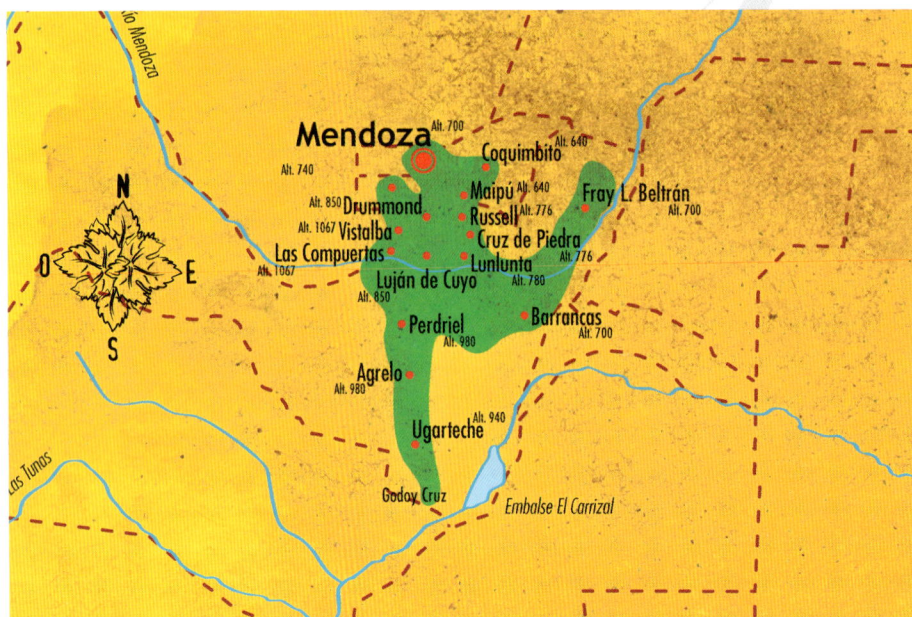

Antigua y tradicional región vitivinícola, conocida también como "primera zona" de los vinos argentinos. Semejante denominación no es casual y surge del prestigio que han alcanzado sus etiquetas, históricamente situadas entre lo mejor de la producción del país. Su ubicación privilegiada hacia el sur de la Ciudad de Mendoza, en alturas ideales y sobre los mejores suelos de la provincia, ha ayudado considerablemente a ese propósito. La división administrativa de los municipios que la integran coincide con dos terruños dotados de aptitudes naturales sobresalientes para producir vinos de gran calidad: Maipú y Luján de Cuyo.

El departamento de Maipú incluye a los distritos de Luzuriaga, General Gutiérrez, General Ortega, Coquimbito, Maipú ciudad, Rodeo del Medio, Fray Luis Beltrán, Cruz de Piedra, Lunlunta y Barrancas. La altitud crece desde el NE hacia el SO, con extremos de 800 metros en la parte más alta y 600 en la más baja. Es otra de las zonas donde se cultiva una verdadera colección de cepajes, pero son destacables los resultados obtenidos con Sauvignon Blanc, Cabernet Sauvignon (especialmente en Cruz de Piedra y Lunlunta) y Syrah (especialmente en Barrancas). Si sumamos los factores ecológicos de calidad, la historia y el prestigio obtenido a lo largo de los años, tenemos a una zona que bien puede constituir una Denominación de Origen, algo que seguramente ocurrirá de un momento a otro.

Luján de Cuyo, en cambio, ya tiene su propia DOC desde 1989 (reconocida por la OIV en 1993), que comprende a los distritos de Luján ciudad, Mayor Drummond, Vistalba, Las Compuertas, Carrodilla, La Puntilla, Chacras de Coria, Perdriel, Agrelo, El Carrizal y Ugarteche. Las alturas oscilan desde los 1067 metros en Las Compuertas hasta los 860 en Carrodilla, y los suelos son mayormente producidos a partir de antiguos aluviones y por desintegración de los minerales de la cordillera.

La variedad de uva más característica es el Malbec, con el que se obtiene un vino tinto emblemático de la zona, la provincia y el país. Se destaca por su color rojo con tintes violáceos, su aroma expansivo de frutas rojas y su sabor intenso pero dócil, carnoso, que colma la boca sin asperezas. No menos importantes son los resultados obtenidos con Cabernet Sauvignon, Merlot, Syrah, Chardonnay, Sauvignon Blanc, Riesling y Viognier, todos ellos con personalidad bien definida dentro de sus respectivas tipicidades.

La "primera zona" de Mendoza ha sido, junto al Valle de Uco, una de las regiones que mayor interés ha despertado como imán de inversiones extranjeras que llegaron al país sin intervalo desde 1990 en adelante. La antigüedad y poca extensión de muchas de sus fincas también hicieron posible el desarrollo de pequeñas bodegas, tan de moda en nuestros días.

La máxima expresión.

Mendoza

Villa Nueva

Godoy Cruz

Maipú

Drummond

Fray L. Beltrán

Rodeo del Medio

Las Compuertas

Vistalba

Cruz de Piedra

Luján de Cuyo

Lunlunta

Perdriel

Cuch. Lunlunta

Barrancas

Agrelo

Ugarteche

Embalse
El Carrizal

Vinos de Argentina

Alta Vista

Fundación: 1997
Ubicación: Chacras de Coria, Luján de Cuyo, Mendoza
Capacidad: 1.506.000 litros
Marcas: Alta Vista Alto, Alta Vista Grande Reserve, Alta Vista Premium y Alta Vista Cosecha.
Fincas: 342 hectáreas
Variedades: Malbec, Cabernet Sauvignon, Syrah y Chardonnay
altavista@altavista wines.com.ar

Atilio Avena e Hijos

Fundación: 1955
Ubicación: Villa Seca, Maipú, Mendoza.
Capacidad: 1.200.000 litros
Marcas: Atilio Avena-Viñas de Atilio Avena y Viñas de Yacanto.
Fincas: 60 hectáreas
Variedades: Malbec, Cabernet Sauvignon, Syrah y Chardonnay
aavenamz@impsat1.com.ar

www.atilioavena.com

Baquero Hnos.

Fundación: 1886
Ubicación: Coquimbito, Maipú, Mendoza.
Capacidad: 100.000 litros
Marcas: Baquero 1886.
Fincas: 5 hectáreas
Variedades: Malbec, Cabernet y Syrah.
baquero@arnet.com.ar
www.baquero1886.com

Benegas

Fundación: 1998
Ubicación: Luján de Cuyo, Mendoza
Capacidad: 1.800.000 litros
Marcas: Benegas, Benegas Blend, Don Tiburcio, Carmela Benegas, Benegas Lynch
Fincas: 40 hectáreas

Variedades: Cabernet Sauvignon, Cabernet Franc, Merlot, Sangiovese, Syrah, Petit Verdot y Chardonnay
info@bodegabenegas.com

La máxima expresión.

Cavas de Weinert

Fundación: 1955
Ubicación: Carrodilla, Luján de Cuyo, Mendoza.
Capacidad: 4.000.000 litros
Marcas: Weinert, Pedro del Castillo, Cavas de Weinert, Montfleury.

Fincas: 63 hectáreas
Variedades: Malbec, Cabernet Sauvignon, Merlot, Chardonnay y Savignon Blanc.
info@bodegaweinert.com
www.bodegaweinert.com

Catena Zapata

Fundación: 2001
Ubicación: Luján de Cuyo, Mendoza
Capacidad: 2.430.000 litros.
Marcas: Uxmal, Alamos, Saint Felicien, Angélica Zapata, Catena Zapata, Catena, Catena Alta, Nicolás Catena Zapata
Fincas: 425 hectáreas
Variedades: Malbec, Cabernet Sauvignon, Merlot, Pinot Noir, Cabernet Franc,

Syrah, Petit Verdot, Sangiovese, Tannat, Chardonnay, Sauvignon Blanc y Semillón.
atencionalconsumidor@catenazapata.com
www.catenawines.com

Cavas Rosell Boher

Fundación: 1996
Ubicación: Chacras de Coria, Luján de Cuyo, Mendoza.
Capacidad: 250.000 litros
Marcas: Rosell Boher, Viñas de Narváez.
Fincas: 159 hectáreas

Variedades: Malbec, Merlot, Syrah, Cabernet Sauvignon, Pinot Noir, Tempranillo, Cabernet Franc, Chardonnay y Sauvignon Blanc,
info@rosellboher.com
www.rosellboher.com

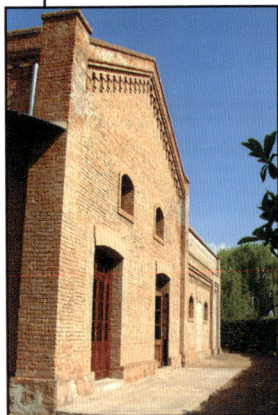

Codorniú Argentina

Fundación: 1999
Ubicación: Agrelo, Luján de Cuyo, Mendoza
Capacidad: 2.000.000 litros
Marcas: Séptima.
Fincas: 100 hectáreas
Variedades: Malbec, Cabernet Sauvignon, Syrah, Tempranillo y Tannat
codorniu.arg@codorniu.com
www.grupocodorniu.com

Chakana

Fundación: 2002

Ubicación: Luján de Cuyo, Mendoza
Capacidad: 230.000 litros
Marcas: Chakana
Fincas: 300 hectáreas

Variedades: Cabernet Sauvignon, Malbec, Syrah, Bonarda, Tannat, Cabernet Franc, Petit Verdot, Sauvignon Blanc y Chardonnay
info@chakanawines.com.ar

Chandon

Fundación: 1959
Ubicación: Agrelo, Luján de Cuyo, Mendoza
Capacidad: 30.800.000 litros
Marcas: Unique, Insignia, Latitud 33º, Valmont, Línea Chandon, Baron B
Fincas: 1.344 hectáreas
Variedades: Chardonnay, Semillón, Sauvignon Blanc, Cabernet Sauvignon,

Malbec, Merlot, Syrah y Pinot Noir.
visitorcenter@chandon.com.ar
www.bodegachandon.com.ar

Dolium

Fundación: 1997
Ubicación: Agrelo, Luján de Cuyo, Mendoza
Capacidad: 400.000 litros
Marcas: Dolium y Andes Peak
Fincas: 18 hectáreas
Variedades: Malbec, Cabernet, Tempranillo, Syrah y Merlot.
info@dolium.com
www.dolium.com

Domaine St. Diego

Fundación: 1988
Ubicación: Lunlunta, Maipú, Mendoza
Capacidad: 99.000 litros
Marcas: Angel A. Mendoza, Pura Sangre, Brut Xero
Fincas: 3,5 hectáreas
Variedades: Chardonay, Cabernet Sauvignón, Cabernet Franc y Malbec
juanmmendoza@sinectis.com.ar

Domaine Vistalba

Fundación: 1992
Ubicación: Vistalba, Luján de Cuyo, Mendoza.
Capacidad: 1.000.000 de litros
Marcas: Fabre Montmayou Grand Vin, Fabre Montmayou y Trilogie.
Fincas: 80 hectáreas
Variedades: Malbec, Merlot y Chardonnay.
domvistalba@infovia.com.ar

Enrique Foster

Fundación: 1919
Ubicación: Luján de Cuyo, Mendoza

Capacidad: 200.00 litros
Marcas: Ique, Enrique Foster Reserva, Edición Limitada
Fincas: 19 hectáreas
Variedades: Malbec
julian@bodegafoster.com
www.enriquefoster.com

Familia Cassone

Fundación: 1999
Ubicación: Mayor Drummond, Luján de Cuyo, Mendoza
Capacidad: 200.000 litros
Marcas: Madrigal, Finca la Florencia, Obra Prima y Familia Cassone.
Fincas: 34 hectáreas
Variedades: Chardonnay, Cabernet y Malbec.

bodegacassone@familiacassone.com.ar
www.familiacassone.com.ar

Familia Zuccardi

Fundación: 1968

Ubicación: Maipú, Mendoza
Capacidad: 16.500.000 litros
Marcas: Q Familia Zuccardi, Santa Julia, Malamado, Vida Orgánica, Finca Beltrán Duo

Fincas: 2.100 hectáreas
Variedades: Cabernet Sauvignon, Malbec, Merlot, Syrah, Bonarda, Sangiovese, Tempranillo, Pinot Noir, Chardonnay, Viognier, Sauvignon Blanc, Torrontés, Chenin Blanc y Ungni Blanc.
info@familiazuccardi.com
www.familiazuccardi.com

Finca Flichman

Fundación: 1873
Ubicación: Maipú, Mendoza
Capacidad: 16.000.000 litros
Marcas: Dedicado, Paisaje de Tupungato, Caballero de la Cepa, Finca Flichman
Fincas: 290 hectáreas
Variedades: Malbec, Cabernet Sauvignon, Syrah, Merlot, Chardonnay y Chenin

Finca La Anita

Fundación: 1992
Ubicación: Agrello, Luján de Cuyo, Mendoza.
Capacidad: 260.000 litros
Marcas: Finca La Anita, Finca, Luna y Cuarto de Milla.
Fincas: 70 hectáreas

Variedades: Malbec, Cabernet Sauvignon, Syrah, Merlot, Semillón, Chardonnay y Tocai Friulano.
bodega@fincalaanita.com
www.fincalaanita.com

Finca La Amalia

Fundación: 1997
Ubicación: Carrodilla, Luján de Cuyo, Mendoza.
Capacidad: 680.225 litros.
Marcas: Viña Amalia, Viña Amalia Dos Fincas, Carlos Basso.
Fincas: 484 hectáreas

Variedades: Cabernet Sauvignon, Malbec, Syrah, Pinot Noir, Merlot, Petit Verdot, Chardonnay, Sauvignon Blanc, Sauvignon Gris y Viognier.
fincamalia@nysnet.com.ar
www.vinamalia.com.ar

Florida Tupungato

Fundación: 1998

Ubicación: Luján de Cuyo, Mendoza
Capacidad: 175.000 litros
Marcas: Achaval-Ferrer Finca Altamira Malbec, Achaval-Ferrer Quimera.
Fincas: 40 hectáreas
Variedades: Cabernet, Malbec y Merlot.
ventas@achaval-ferrer.com
www.achaval-ferrer.com

La máxima expresión.

Vinos de Argentina

La máxima expresión.

Huarpe

Fundación: 2002
Ubicación: Maipú, Mendoza
Capacidad: 300.000 litros
Marcas: Lancatay, Taymente, Huarpe Selección de Bodega
Fincas: 100 hectáreas
Variedades: Cabernet Sauvignon, Malbec, Sangiovese, Chardonnay, Chenin, Ugni Blanc y Semillón

info@huarpewines.com
www.huarpewines.com

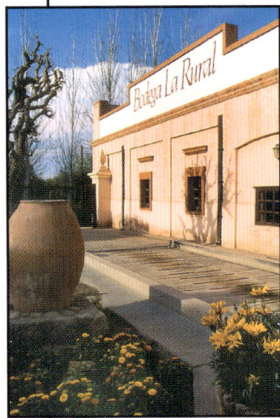

La Rural

Fundación: 1885
Ubicación: Coquimbito, Maipú, Mendoza.
Capacidad: 11.600.000 litros
Marcas: Pequeña Vasija Varietal, Cepa Tradicional, San Felipe en Roble, Trumpeter, Colección Rutini, Felipe Rutini, Champagne Rutini.

Fincas: 205 hectáreas
Variedades: Cabernet Sauvignon, Malbec, Merlot, Syrah, Pinot Noir, Cabernet Franc, Traminer, Chardonnay y Sauvignon Blanc.
museo@bodegalarural.com

Lariviere Yturbe

Fundación: 1990
Ubicación: Ugarteche, Luján de Cuyo, Mendoza
Capacidad: 2.000.000 litros
Marcas: Brisset, Cuatro Estaciones, Altos de Cuyo, Don Yturbe.
Fincas: 70 hectáreas
Variedades: Merlot, Malbec, Cabernet Sauvignon y Chardonnay.

bodegasly@ciudad.com.ar
www.bodegasly.com

Lagarde

Fundación: 1897
Ubicación: Luján de Cuyo. Mendoza
Capacidad: 2.400.000 litros
Marcas: Lagarde, Henry, Altas Cumbres, Letra de Tango.
Fincas: 218 hectáreas

Variedades: Petit Verdot, Cabernet Franc, Pinot Noir, Cabernet Sauvignon, Malbec, Merlot, Syrah, Viognier, Chardonnay, Sauvignon Blanc, Moscato Giallo y Semillón.
turismo@lagarde.com.ar
www.lagarde.com.ar

Leoncio Arizu

Fundación: 1901
Ubicación: Mayor Drummond, Luján de Cuyo, Mendoza
Capacidad: 3.100.000 litros
Marcas: Luigi Bosca Reserva, Finca Los Nobles, Finca La Linda, Bohème.
Fincas: 600 hectáreas

Variedades: Petit Verdot, Merlot, Pinot Noir, Tempranillo, Cabernet Sauvignon, Malbec, Syrah, Chardonnay, Sauvignon Blanc, Riesling, Pinot Meunier, Viognier y Gewürztraminer.
luigibosca@luigibosca.com.ar
www.luigibosca.com.ar

Lopez

Fundación: 1898
Ubicación: Gutiérrez, Maipú, Mendoza.
Capacidad: 40.000.000 litros

Marcas: Montchenot, Chateaux Vieux, Casona López, Rincón Famoso, Bodega López Xero, López, Traful, Vasco Viejo, Champagnes Montchenot y Mont Reims.
Fincas: 1.061 hectáreas
Variedades: Cabernet Sauvignon, Merlot, Sangiovese, Pinot Meunier, Malbec, Syrah, Pinot Noir, Semillón, Chardonnay, Pedro Gimenez, Chenin y Sauvignon Blanc
lopezmza@bodegaslopez.com.ar
www.bodegaslopez.com.ar

Norton

Fundación: 1895
Ubicación: Perdriel, Luján de Cuyo, Mendoza

Capacidad: 7.000.000 litros
Marcas: Dalton, Norton Clásico, Norton, Barbera, Tempranillo, Cosecha Tardía, Bi-varietales, Línea Roble, Perdriel Colección, Perdriel del Centenario, Norton Barrel Select, Reserve, Privada.
Fincas: 1.200 hectáreas
Variedades: Sauvignon Blanc, Chardonnay, Torrontés, Chenin, Semillón , Cabernet Sauvignon, Malbec, Merlot, Tempranillo, Syrah, Barbera y Sangiovese.
imesa@norton.com.ar
www.norton.com.ar

La máxima expresión.

Navarro Correas

Fundación: 1978
Ubicación: Godoy Cruz, Mendoza.
Capacidad: 6.000.000 litros
Marcas: Ultra, Gran Reserva, Colección Privada, Finca Dolores Correas y Los Arboles.

Variedades: Malbec, Pinot Noir, Cabernet Sauvignon, Merlot, Syrah, Chardonnay, Sauvignon y Chenin.
www.ncorreas.com

Nieto Senetiner

Fundación: 1989
Ubicación: Vistalba, Luján de Cuyo, Mendoza
Capacidad: 1.700.000 litros
Marcas: Cadus, Reserva Nieto Senetiner, Don Nicanor, Benjamín Nieto
Fincas: 200 hectáreas
Variedades: Malbec, Cabernet Sauvignon, Merlot, Syrah, Pinot Noir, Bonarda

y Chardonnay
mcerutti@nietosenetiner.com.ar
turismo@nietosenetiner.com.ar

Ruca Malen

Fundación: 1999
Ubicación: Luján de Cuyo, Mendoza
Capacidad: 300.000 litros
Marcas: Ruca Malén, Ruca Malén Kinién.
Fincas: 27 hectáreas
Variedades: Malbec, Cabernet, Chardonnay.
www.bodegarucamalen.com

Santa Ana

Fundación: 1891
Ubicación: Villa Nueva, Guaymallén, Mendoza
Capacidad: 12.000.000 litros
Marcas: Santa Ana, Casa de Campo.
Fincas: 150 hectáreas
Variedades: Bonarda, Malbec, Chenin, Ugni Blanc, Cabernet, Torrontes y Cabernet Sauvignon.
bvsa@bodegas-santa-ana.com.ar

Tapiz

Fundación: 1999
Ubicación: Luján de Cuyo, Mendoza
Capacidad: 1.670.000 litros
Marcas: Tapiz, Reserva Tapiz
Fincas: 590 hectáreas
Variedades: Malbec, Cabernet Sauvignon, Merlot, Chardonnay y Sauvignon BLanc
tapiz@tapiz.com.ar

Terrazas los Andes

Fundación: 1998
Ubicación: Perdriel, Luján de Cuyo, Mendoza
Capacidad: 4.100.000 litros
Marcas: Terrazas, Terrazas Reserva, Afincado, Cheval des Andes.
Fincas: 450 hectáreas
Variedades: Malbec, Cabernet Sauvignon, Syrah y Chardonnay

visitor@terrazasdelosandes.com

Tittarelli

Fundación: 1915

Ubicación: Rivadavia, Mendoza.
Capacidad: 13.000.000 litros
Marcas: Bodega Uno, Tittarelli, Bodega del 900, Finca El Retiro Reserva.

Fincas: 100 hectáreas
Variedades: Bonarda, Cabernet Sauvignon, Malbec, Sangiovese, Syrah y Tempranillo
rrpp@tittarellivosa.com.ar
www.vinostittarelli.com.ar

Toso

Fundación: 1890
Ubicación: Guaymallén, Mendoza
Capacidad: 7.000.000 litros
Marcas: Pascual Toso, Champagnes Toso
Fincas: 300 hectáreas
Variedades: Cabernet Sauvignon, Malbec, Syrah, Merlot, Chardonnay y Sauvignon Blanc
tosowines@bodegastoso.com.ar

Trapiche

Fundación: 1883
Ubicación: Coquimbito, Maipú, Mendoza
Capacidad: 2.000.000 de litros.
Marcas: Trapiche, Trapiche Roble, Fond de Cave, 120 años, Broquel y 1883 Extra Brut.
Fincas: 1.075 hectáreas

Variedades: Malbec, Merlot, Cabernet, Syrah, Pinot Noir, Chardonnay y Sauvignon Blanc.
info@trapiche.com.ar

Trivento

Fundación: 1996
Ubicación: Russell, Maipú, Mendoza

Capacidad: 10.500.000 litros
Marcas: Trivento, Tocornal, Concha y Toro, La Chamiza, Terralis.
Fincas: 540 hectáreas
Variedades: Malbec, Syrah, Cabernet Sauvignon, Merlot, Chardonnay, Petit Verdot, Cabernet Franc, Sauvignon Blanc,Pinot Noir y Viognier.
turismo@trivento.com
www.trivento.com

Vargas Arizu

Fundación: 1977
Ubicación: Carrodilla, Luján de Cuyo, Mendoza
Capacidad: 350.000 litros
Marcas: Tierras Altas y V.V.V. Vicente Vargas Videla Homenaje.
Fincas: 67 hectáreas
Variedades: Malbec, Merlot y Cabernet Sauvignon.

vinos@vargasarizu.com
www.vargasarizu.com

Vinorum

Fundación: 1930
Ubicación: Luján de Cuyo, Mendoza
Capacidad: 2.000.000 litros.
Marcas: Vinorum
Fincas: 6 hectáreas
Variedades: Malbec y Cabernet Saugvignon
vinorum@nysnet.com.ar

Vintage

Fundación: 1999
Ubicación: Agrelo, Luján de Cuyo, Mendoza.
Capacidad: 764.200 litros
Marcas: BenMarco, Susana Balbo, Crios de Susana Balbo, Anubis, Gustovita.
Fincas: 74 hectáreas

Variedades: Malbec, Cabernet Sauvignon, Cabernet Franc, Petit Verdot, Bonarda, Merlot, Sauvignon Blanc, Syrah, Chenin Blanc y Tannat
marielai@nysnet.com.ar
www.dominiodelplata.com.ar

Viña Doña Paula

Fundación: 1997
Ubicación: Luján de Cuyo, Mendoza.
Capacidad: 1.000.000 litros
Marcas: Doña Paula y Los Cardos
Fincas: 760 hectáreas
Variedades: Malbec, Merlot, Cabernet Sauvignon, Syrah, Cabernet Franc, Pinot Noir, Chardonnay y Sauvignon Blanc.
www.donapaula.com.ar

Proemio

Fundación: 2002
Ubicación: Los Corralitos, Guaymallén, Mendoza
Capacidad: 1.300.000 litros
Marcas: Proemio línea varietal
Fincas: 50 hectáreas

Variedades: Cabernet Sauvignon, Malbec, Merlot, Syrah y Bonarda
mbocardo@uol.com.ar
www.proemiowines.com

Hugo y Eduardo Pulenta

Fundación: 2000
Ubicación: Luján de Cuyo, Mendoza
Capacidad: 170.000 litros
Marcas: H & E Pulenta
Fincas: 130 hectáreas
Variedades: Merlot, Cabernet Franc, Cabernet Sauvignon, Tannat, Petit Verdot, Chardonnay y Sauvignon Blanc
www.hyepulentawinery.com

Bien adentrado en los primeros faldeos de la precordillera, el Valle de Uco alcanza las mayores alturas vitícolas de la provincia de Mendoza: hasta 1400 metros sobre el nivel del mar. Al igual que Luján de Cuyo y Maipú, esta singular zona está siendo ampliamente desarrollada merced a la llegada de inversiones foráneas, algunas de ellas de carácter monumental. Las condiciones que la hacen tan apetecible estriban en la gran amplitud térmica de la que gozan los viñedos, sumada a la importante radiación solar. Con todo ello se logra un período de madurez de la uva lento y equilibrado, donde las variedades blancas producen sus aromas varietales primarios y las tintas, además de eso, fijan en el hollejo los taninos y el color que dotarán a los vinos de intensidad y estructura.

Los mejores vinos que se obtienen son aquellos provenientes de cepajes con ciclo corto de maduración, en especial Semillón, Merlot y Pinot Noir, si bien existen muy buenos ejemplares de Chardonnay, Malbec, Bonarda y Tempranillo. Las características climáticas reinantes permiten obtener vinos con una acentuada acidez, lo que los hace ideales como base para espumantes, particularmente en el caso de los vidueños clásicos utilizados con esa finalidad.

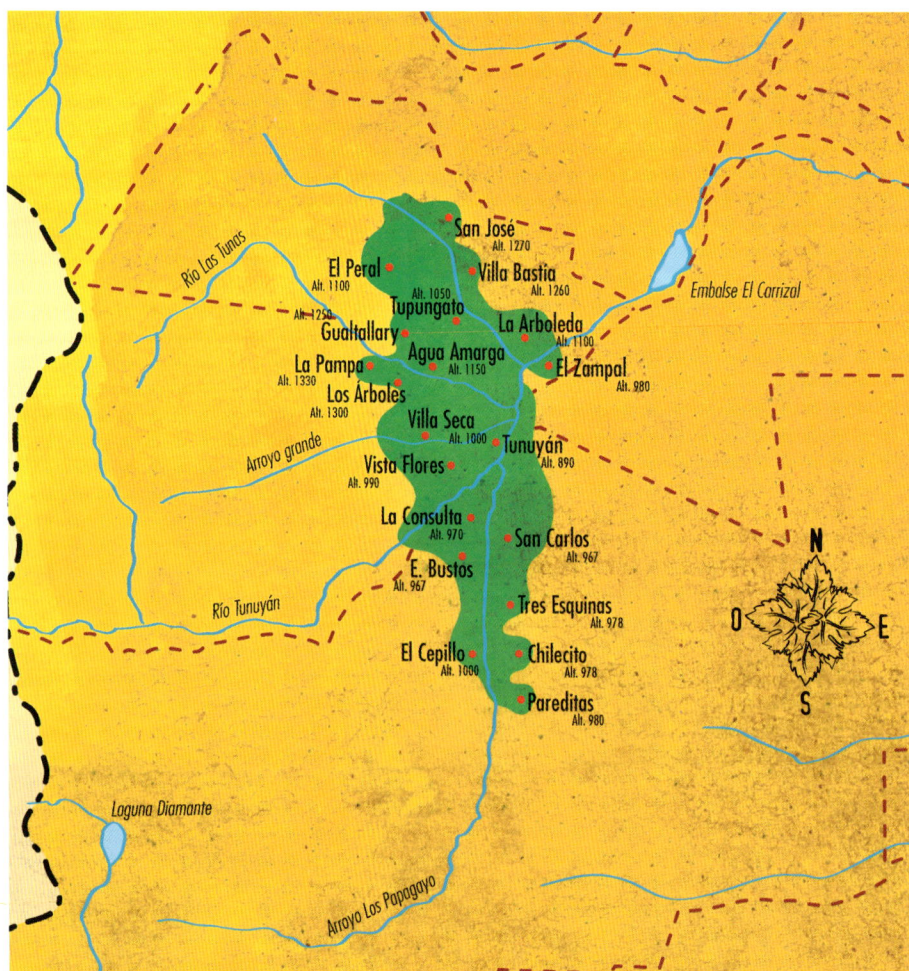

La máxima expresión.

Chateau Ancón

San José

Villa Bastilla

Gualtallary   Tupungato

Agua Amarga   La Arboleda

Los Arboles

La Pampa

Tunuyán

La Consulta

San Carlos

E. Busto

Chilecito

Vinos de Argentina

La región está integrada por los distritos Villa Bastía, San José, Ancón, El Peral, Tupungato, La Arboleda, El Zampal, Agua Amarga y Gualtallary (departamento de Tupungato), El Algarrobal, Villa Seca, Las Rosas, Vista Flores, Los Sauces y Ciudad (departamento de Tunuyán), La Consulta, Eugenio Bustos, Tres Esquinas, San Carlos, El Cepillo, Chilecito y Las Pareditas (departamento de San Carlos).

La máxima expresión.

Abril

Fundación: 1997
Ubicación: Colonia Las Rosas, Tunu-yan, Mendoza.
Capacidad: 100.000 litros
Marcas: De Pura Raza, Matices de Abril.
Fincas: 20 hectáreas
Variedades: Malbec y Cabernet.

bodegaabrilsa@uolsinectis.com.ar
www.bodegasabril.com.ar

Compañía de Viñedos Andinos

Fundación: 1997

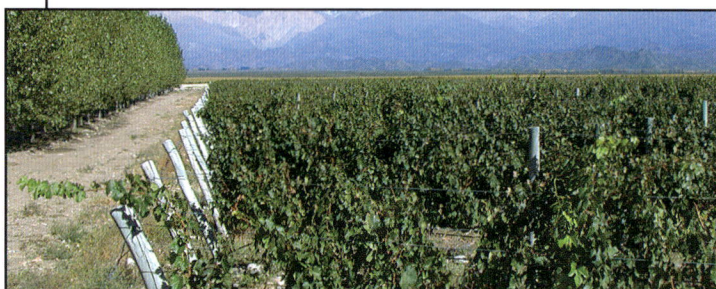

Ubicación: Tunuyán, Mendoza.
Marcas: Kutral, Seibo, Diablo de Uco
Fincas: 100 hectáreas
Variedades: Chardonnay, Malbec, Merlot y Cabernet Sauvignon.
info@fincasilvina.com.ar
www.fincasilvina.com.ar

J & F Lurton

Fundación: 1999
Ubicación: Tunuyán, Mendoza
Capacidad: 2.000.000 litros
Marcas: Reserve, Gran Lurton, Piedra Negra.
Fincas: 300 hectáreras

Variedades: Malbec, Cabernet Sauvignon, Pinot Noir, Syrah, Bonarda, Chardonnay, Viogner y Pinot Gris.
bodegalurton@bodegalurton.com

Finca La Celia

Fundación: 1999
Ubicación: Eugenio Augusto, San Carlos, Mendoza.

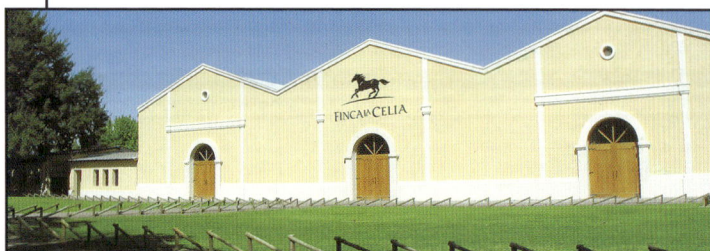

Capacidad: 4.800.000 litros
Marcas: La Celia Reserva, La Consulta, Magallanes y Furia.
Fincas: 400 hectáreas
Variedades: Cabernet Sauvignon, Cabernet Franc, Merlot, Petit Verdot, Pinot Noir, Syrah, Tannat, Tempranillo, Chardonnay, Sauvignon Blanc, Semillón y Viognier.
fincalacelia@ccu.com.ar

Finca Sophenia

Fundación: 1997
Ubicación: Gualtallari, Tupungato, Mendoza
Capacidad: 440.000 litros
Marcas: Altosur y Finca Sophenia.
Fincas: 120 hectáreas
Variedades: Cabernet Sauvignon, Malbec, Merlot y Chardonnay.
consultas@dophenia.com.ar

www.sophenia.com.ar

Grupo Vitivinícola de Tupungato

Fundación: 1999
Ubicación: Tupungato, Mendoza.
Capacidad: 900.000 litros
Marcas: Altus, Grand Vin, Finca los Algarrobos.
Fincas: 1.600 hectáreas

Variedades: Cabernet Sauvignon, Malbec, Tempranillo, Torrontés, Merlot, Chardonnay, Moltepulciano, Agliánico y Syrah.
vinos@gvt.net.ar
www.gvt.net.ar

Monteviejo

Fundación: 2003
Ubicación: Tunuyán, Mendoza
Capacidad: 490.000 litros
Marcas: Monteviejo, Lindaflor, Petite Fleur, Festivo, Clos de los Siete
Fincas: 121 hectáreas
Variedades: Malbec, Merlot, Cabernet Sauvignon y Syrah
www.monteviejo.com

O. Fournier

Fundación: 2000
Ubicación: La Consulta, Mendoza
Capacidad: 500.000 litros
Marcas: Urban Uco, Bcrux, Acrux
Fincas: 286 hectáreas
Variedades: Cabernet Sauvignon, Malbec, Merlot, Syrah y Tempranillo.
nortega@bodegasofournier.com
www.Bodegasofournier.com

Salentein

Fundación: 1999
Ubicación: Alto Valle de Uco, Tunuyán, Mendoza.
Capacidad: 3.000.000 litros
Marcas: Primus, Salentein Roble, Finca El Portillo
Fincas: 400 hectáreas

Variedades: Pinot Noir, Chardonnay, Malbec, Cabernet Sauvignon, Merlot, Syrah, Tempranillo y Sauvignon Blanc.

www.bodegasalentein.com

Valle Escondido

Fundación: 2003
Ubicación: Tupungato, Mendoza
Capacidad: 1.500.000 litros
Marcas: Valle Escondido, Flores del Valle
Fincas: 18 hectáreas
Variedades: Malbec, Cabernet y Merlot.
patricio@gouguenheimwinery.com.ar

Viñas de Uco

Fundación: 1968
Ubicación: Villa Seca, Tunuyán, Mendoza
Capacidad: 600.000 litros
Marcas: Callejón del Crimen y Viña Uco
Fincas: 60 hectáreas
Variedades: Semillón, Tempranillo, Malbec, Merlot, Ancellotta y Sangiovese.
antonio@doglia.com

La máxima expresión.

117

Siguiendo el eje carretero de la ruta 40 hacia el sur, la ciudad de San Rafael y su zona de influencia representan el último oasis vitivinícola de la provincia de Mendoza. Esta llanura cultivada está irrigada por los ríos Diamante y Atuel y presenta una inclinación desde el NO hacia el SE, con altura máxima de 750 metros en Las Paredes hasta 485 en General Alvear.

Los distritos que la componen son Las Paredes, Cuadro Benegas, El Cerrito, Cuadro Nacional, Monte Comán, La Llave, Goudge, Rama Caída, Cañada Seca, Las Malvinas, Negro Quemado, Villa Atuel, Real del Padre, Jaime Prats, San Rafel ciudad, Carmensa y General Alvear.

Amparadas por la Denominación de Origen San Rafael, constituida en 1993, se encuentran las variedades Chardonnay, Sauvignon Blanc, Riesling, Chenin, Tocai Friulano, Semillón, Torrontés, Cabernet Sauvignon, Pinot Noir, Merlot, Malbec, Syrah, Barbera D´Asti y Bonarda, las que a su vez forman la base de los vinos de la zona.

Es importante señalar la excelente alternativa turística que representa el embalse El Nihuil, a 90 kilómetros de la ciudad de San Rafael, ideal para la práctica del windsurf.

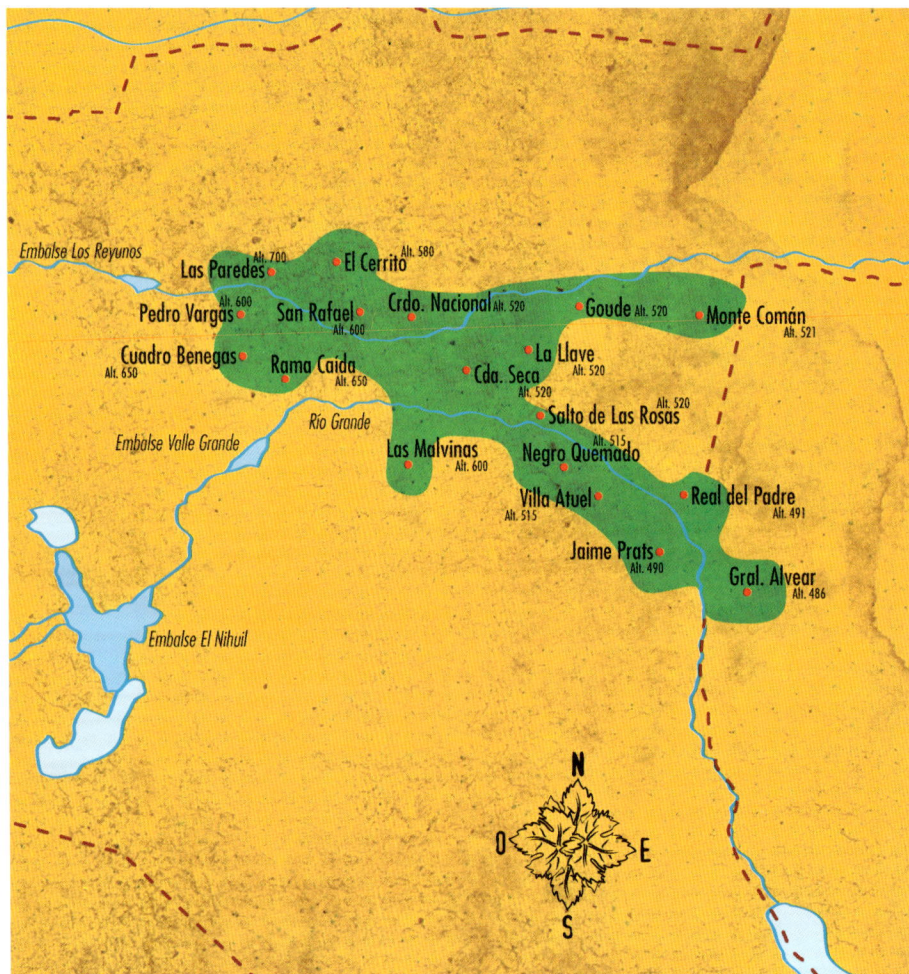

La máxima expresión.

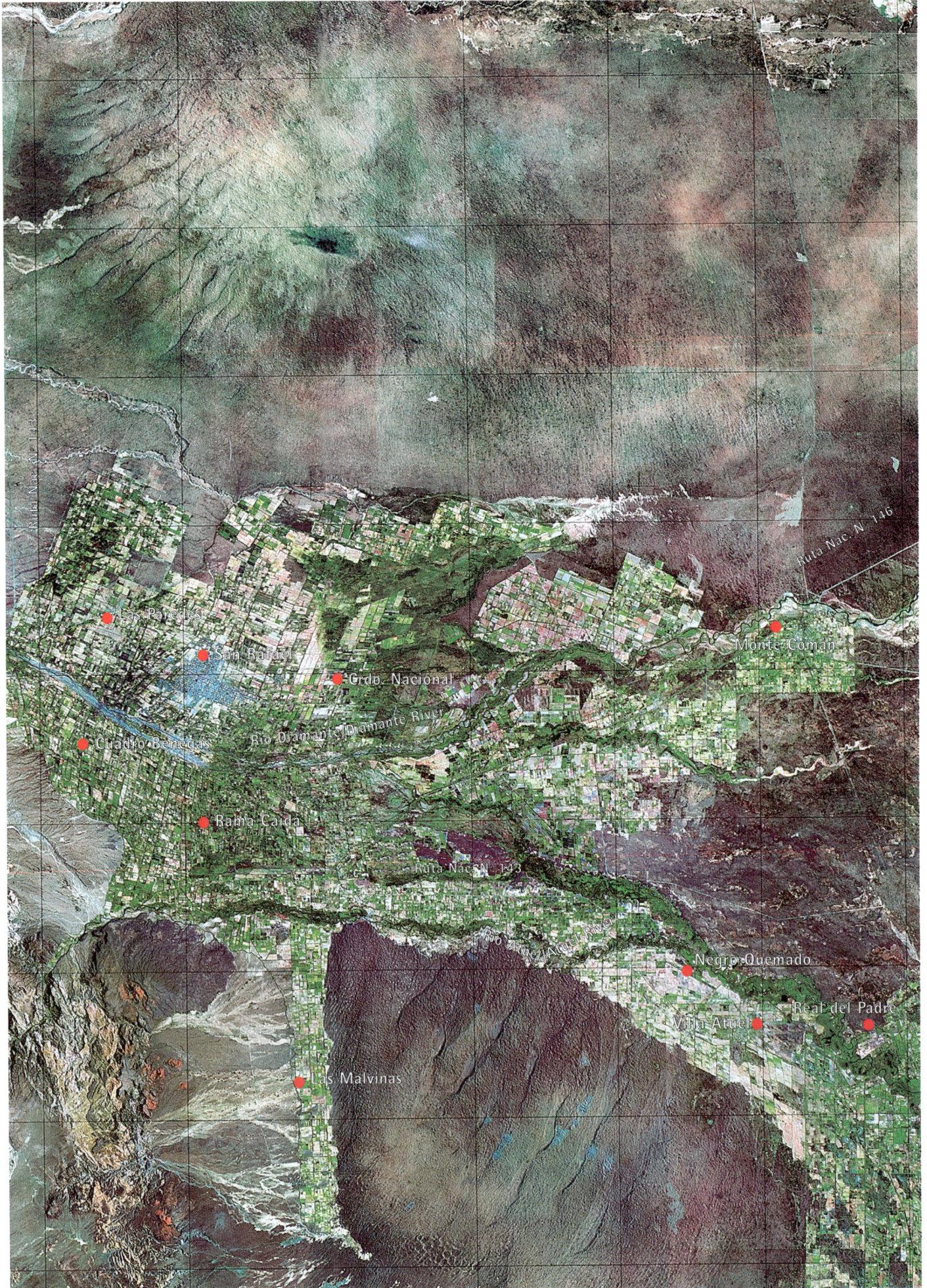

Ruta Nac. Nº 143

Ruta Nac. Nº 146

Los Reyunos

San Rafael

Ordo. Nacional

Monte Comán

Río Diamante Diamante River

Cuadro Benegas

Rama Caída

Ruta Nac. Nº 190

Negro Quemado

Río Atuel

Villa Atuel

Real del Padre

Las Malvinas

Vinos de Argentina

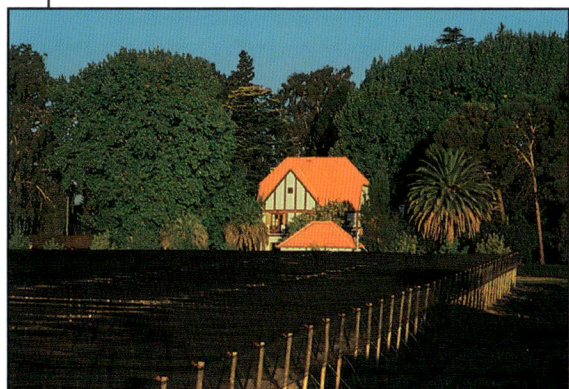

Balbi

Fundación: 1929
Ubicación: San Rafael, Mendoza
Capacidad: 6.300.000 litros
Marcas: Balbi Bárbaro, Balbi Reserva, Balbi Clásico, Calvet, Mumm
Fincas: 100 hectáreas
Variedades: Chardonnay, Malbec, Cabernet Sauvignon y Syrah
bb_info@bodegasbalbi.com

Suter

Fundación: 1900
Ubicación: San Rafael, Mendoza
Capacidad: 11.000.000 litros
Marcas: Suter, Coto de Caza, Etiqueta Marrón, JS, Rojo, Suter Privado, Fritzwein
Fincas: 250 hectáreas

Variedades: Malbec, Cabernet, Syrah, Semillón, Pinot Noir, Pinot de la Loire, Merlot y Chardonnay
gjuri@sutersa.com.ar

Valentín Bianchi

Fundación: 1928
Ubicación: San Rafael, Mendoza
Capacidad: 14.200.000 litros
Marcas: Bianchi Margaux, Borgoña, Chablis, Cinta de Plata, Don Valentín Lacrado, 1887, Particular, Valentín Bianchi D.O.C. San Rafael, Famiglia Bianchi, Enzo Bianchi.

Fincas: 350 hectáreas
Variedades: Chardonnay, Sauvignon Blanc, Tocai, Friulano, Semillón, Malvasía, Cabernet, Malbec, Pinot Noir, Syrah y Merlot.
informes@vbianchi.com

La máxima expresión.

Río Negro,

Vinos de Argentina

Neuquén y La Pampa

PROVINCIAS DE RÍO NEGRO, ―――――――
NEUQUÉN Y LA PAMPA

La Patagonia vitivinícola argentina, aún poco desarrollada, tiene como epicentro al denominado Alto Valle del Río Negro, una franja de 90 kilómetros ubicada en la confluencia de los ríos Limay y Neuquén. Está comprendida entre las ciudades de Villa Regina y Cipoletti, con una extensión adicional al otro lado del río Neuquén, en la provincia homónima. Mientras corre hacia el Océano Atlántico, el Río Negro baña dos oasis más, llamados Valle Medio y Valle Inferior. Aunque en ambos se practica la vitivinicultura de manera tradicional, sólo los vinos de Alto Valle han logrado una amplia y merecida repercusión en toda la Argentina y el exterior.

Más al norte existen, a su vez, otros dos valles irrigados por el Río Colorado, llamados Alto Colorado y Medio Colorado, siendo más importante el primero por la extensión del cultivo y por la presencia de nuevos establecimientos productores. Comprende los distritos de Catriel, Peñas Blancas y Valle Verde en la provincia de Río Negro (del lado sur del río) y Colonia 25 de Mayo en provincia de La Pampa (del lado norte). Junto al valle de Traslasierra, en Córdoba, los vinos pampeanos representan una de las últimas y más satisfactorias novedades en el panorama del vino de Argentina.

El carácter singular del paisaje patagónico imprime a sus vinos una fuerte personalidad. Todos se destacan por su excelente relación entre alcohol y acidez, producto de una maduración de la uva en óptimas condiciones. Son particularmente interesantes los blancos obtenidos a partir del Semillón, dotados de un aroma personal, con toques minerales difíciles de encontrar en otras zonas. En los tintos se destacan ampliamente los varietales de Pinot Noir y Merlot, ambos con buena intensidad colorante y mucha tipicidad. Recientes elaboraciones de Cabernet Franc, tanto en la zona del Alto Valle como en La Pampa, resultan sumamente prometedoras.

No debemos dejar de mencionar la existencia de viñedos más al sur, que tienen su límite en la localidad chubutense de El Hoyo de Epuyén, sobre el paralelo 42. Exceptuando a las zonas con muchas limitaciones climáticas, es posible que los próximos años la Patagonia genere una nueva avalancha de inversiones vitivinícolas, teniendo en cuenta la posible conjunción de la industria del vino fino con la tradicional, atractiva y bien desarrollada industria del turismo.

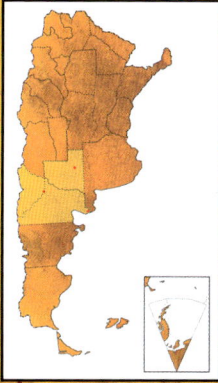

LA PAMPA

• Cruce del Desierto
Alt. 230

Peñas Blancas
Alt. 380

25 de Mayo
Alt. 336

Catriel
Alt. 316

Embalse Casa de Piedra

Río Colorado

San Patricio
del Chañar
Alt. 322

Dique de la Lata
Dique Mari-Menuco
Embalse
Cerros Colorados

Villa Manzano
Alt. 308

RÍO NEGRO

Lago Pellegrini

NEUQUÉN

Centenario

Cinco Saltos
Alt. 285

Ferri
Alt. 270   Alt. 270

Neuquén   Cipoletti
Alt. 270

Allen
Alt. 265

Gral. Roca
Alt. 250

Plottier
Alt. 272

Gral. Fernández

Cnel. J.J. Gómez
Alt. 250

Alto Valle del Río Negro

Río Negro

Río Limay

Embálse Ezequiel Ramos Mexía

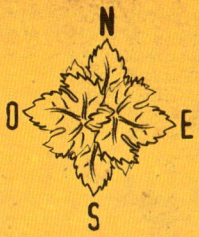

N
O   E
S

Lago
Pellegrini

Cinco Saltos

Ruta Nac. N 151

Ferri

Cipoletti

Neuquen

Gral. Fernandez Oro

Ruta Nac. N 22

Allen

Cnel. J.J. Gómez

Ruta Nac. N 22

Gral. Roca

Alto Valle del Río Negro

Vinos de Argentina

Est. Humberto Canale

Fundación: 1909
Ubicación: General Roca, Río Negro
Capacidad: 3.200.000 litros
Marcas: Humberto Canale, Marcus, Canale Black River, Diego Murillo
Fincas: 150 hectáreas

Variedades: Sauvignon Blanc, Semillón, Torrontés, Viognier, Pinot Noir, Cabernet Sauvignon, Cabernet Franc, Merlot y Malbec
guillo@bodegahcanale.com
www. bodegahcanale.com

Infinitus

Fundación: 1994
Ubicación: Allen, Río Negro.
Capacidad: 1.500.000 litros
Marcas: Infinitus y Champagne Infinitus.
Fincas: 70 hectáreas

Variedades: Cabernet Sauvignon, Malbec, Chardonnay, Syrah y Semillón.
domvistalba@infovia.com.ar

La máxima expresión.

Fin del Mundo

Fundación: 2003

Ubicación: San Patricio del Chañar, Neuquén.

Capacidad: 1.400.000 litros

Marcas: Postales del Fin del Mundo, Newen y Fin del Mundo.

Fincas: 550 hectáreas

Variedades: Cabernet Sauvignon, Malbec, Merlot, Pinot Noir, Chardonnay y Sauvignon Blanc.

bodegafindelmundo@lainversora.com.ar

www.bodegafindelmundo.com.ar

NQN

Fundación: 2004

Ubicación: San Patricio del Chañar, Neuquén.

Capacidad: 2.744.000 litros

Marcas: Malma

Fincas: 161 hectáreas

Variedades: Malbec, Cabernet Sauvignon, Merlot, Pinot Noir, Chardonnay y Sauvignon Blanc

vinpat@vinpat.com.ar

www.vinpat.com.ar

Flia Schroeder

Fundación: 2001

Ubicación: San Patricio del Chañar, Neuquén.

Capacidad: 1.500.000 litros

Marcas: Familia Schroeder, Saurus Varietal, Saurus Patagonia Selected

Fincas: 110 hectáreas

Variedades: Malbec, Merlot, Cabernet Sauvignon, Pinot Noir, Sauvignon Blanc y Chardonnay

info@familiaschroeder.com

www.familiaschroeder.com

Vinos de Argentina

Bodega del Desierto

Fundación: 2003
Ubicación: Colonia, 25 de Mayo, La Pampa
Capacidad: 467.500 litros
Marcas: Primer Corte, Desertus, 25/5
Fincas: 300 hectáreas
Variedades: Cabernet Sauvignon, Cabernet Franc, Merlot, Malbec, Syrah, Pinot Noir, Chardonnay, Sauvignon Blanc y Viognier.
info@bodegadeldesierto.com.ar

La máxima expresión.

Vinos de Argentina

AROMAS Y SABORES AL ESTILO ARGENTINO

El maridaje o casamiento entre vinos y comidas es tema de discusión permanente. Ya no hay dogmas que sostengan verdades absolutas. Todo es materia de debate y, a veces, extrañamente, chefs, enólogos, periodistas especializados y por supuesto consumidores en general, no se ponen de acuerdo aún en las cosas simples. No hace mucho tiempo atrás, uno de los más reconocidos cocineros de esta plaza, de origen europeo, sorprendió a sus comensales con un menú preparado especialmente para acompañar al champagne más famoso del mundo. Y uno de los platos estaba elaborado a base de espárragos. Nadie se atrevió a discutirle al verborrágico chef que, cuanto menos, su idea resultaba bastante discutible por las propias condiciones organolépticas del producto utilizado. ¿Transgresión o simple capricho?

Otra vez, le preguntamos a un enólogo mendocino si él recomendaría el torrontés para acompañar platos criollos como las empanadas salteñas, el locro o los tamales. Respondió que se trata más de una cuestión de asociación del cepaje que representa más que ninguno a la región que a razones que puedan explicarse desde la teoría. Sin embargo, ¿quién no ha pedido una copa de este vino emblemático del país para los platos típicos del noroeste? Todo es subjetivo y, en realidad, el público consumidor hoy no acepta los análisis que son demasiado rebuscados.

Aquella "máxima de fierro" que decía que carnes rojas iban con vino tinto y carnes blancas con vino blanco, duró lo que las bodegas locales más innovadoras tardaron en diversificarse y ofrecer nuevos cepajes. Esto obligó a un replanteo generalizado. Por otra parte, surgió la tendencia entre bodegas y restaurantes de preparar menúes de varios pasos, cada uno acompañado por un vino diferente. Y aquí también hay bastante tela para cortar. No siempre el maridaje está de acuerdo con lo que indica la lógica. Pero.... es cuestión de probar.

Se han dado casos también de algunos chefs que no beben vino, con lo cual se hace muy difícil para ellos llegar a conclusiones acertadas. En la Argentina ya hemos tenido casos extraños. ¿Recuerdan a aquella "embajadora honoraria" de nuestras carnes en el exterior que era vegetariana?

EL ESTILO ARGENTINO

Ahora bien, tenemos los vinos en cantidad y calidad suficiente como para elegir con criterio según las posibilidades del bolsillo y del gusto de cada uno. ¿Y qué pasa con la comida? Nuestro país no tiene una identidad culinaria (como México y Perú) que nos represente en el mundo. Pero sí podemos hablar de un estilo argentino, que es producto de las costumbres aprendidas de los antiguos habitantes del continente —sobre todo los Incas, en nuestro caso—, de los aportes que hicieron los españoles y posteriormente las distintas corrientes migratorias que le otorgaron un perfil hetorodoxo a nuestra forma de comer.

Tras el legado de los colonizadores, las costumbres culinarias locales se fueron transformando a medida que iban llegando las oleadas de inmigrantes de distinto origen. Pero fueron los italianos, mayoritarios, los que le dieron un perfil definitivamente mediterráneo a la cocina de las grandes ciudades del país. Hoy, la cocina ítalo-porteña es la que más representa la manera de comer de los argentinos. Sin embargo, franceses, judíos europeos y sefaradíes, árabes, alemanes, portugueses, nórdicos, todos dejaron una impronta en este crisol de ollas y sartenes que no tiene identidad propia pero sí un perfil claramente definido.

DULCE DE LECHE CON PASAPORTE ARGENTINO

POBRE DULCE DE LECHE, SÍMBOLO INEQUÍVOCO DE LOS POSTRES ARGENTINOS, PERO RECLAMADO PARA SÍ POR OTROS PAÍSES, COMO CHILE, DONDE SE LO CONOCE COMO MANJAR BLANCO. LA FAMOSA ANÉCDOTA QUE TUVO PROTAGONISTAS A ROSAS Y LAVALLE DURANTE UN ENCUENTRO EN LA ESTANCIA DE CAÑUELAS, PREFERIMOS TOMARLA COMO VÁLIDA PARA CERTIFICAR EL ORIGEN AUTÉNTICAMENTE NACIONAL DE ESTE PRODUCTO QUE MERECE TENER PASAPORTE ARGENTINO. EL ALFAJOR, TAN RECLAMADO POR LOS COMPATRIOTAS QUE VIVEN EN EL EXILIO, RELLENO DE DULCE DE LECHE, ES TAMBIÉN UN PRODUCTO ÚNICO EN EL MUNDO.

En la cocina criolla siguen predominando los cultivos típicamente americanos como el maíz, la papa, la batata, el tomate. Sin embargo, la verdadera pasión nacional que sorprende a los extranjeros que llegan a estas tierras sigue siendo el asado. A la parrilla (lo más común), al asador, o al asador con cuero, son las tres maneras de comer carne al estilo argentino.

Las paradojas nacionales no se acaban con el asado, un plato exótico que echó raíces en la tierra de las mejores carnes del mundo. La voracidad carnívora (bovina) de nuestro pueblo nos ha hecho vivir siempre de espaldas al mar, por más que tengamos un litoral costero de miles y miles de kilómetros de extensión. Un argentino promedio consume por año unos 63 kilos de carne vacuna, contra 7 de pescados y mariscos, 8 de cerdo y 26 de pollo.

Una encuesta realizada en octubre de 2003, señala inequívocamente que la carne, el pan y los huevos son ingredientes principales de la dieta vernácula.

Y ninguna crisis económica logró doblegar las preferencias de los argentinos a la hora de sentarse a la mesa.

La máxima expresión.

Revuelto Gramajo

INGREDIENTES (DOS A CUATRO PERSONAS):

• 150 GRAMOS DE JAMÓN COCIDO CORTADO EN CUBITOS

• 8 HUEVOS

• 1 KILO DE PAPAS FRITAS

• 30 GRAMOS DE MANTECA

• 1 CEBOLLA PICADA

• SAL

• PIMIENTA

PREPARACIÓN:

CALENTAR LA MANTECA, REHOGAR LA CEBOLLA PICADA Y LUEGO AGREGAR LAS PAPAS PAILLE. AÑADIR LOS HUEVOS APENAS BATIDOS Y EL JAMÓN EN CUBOS. SAL Y PIMIENTA A GUSTO. REVOLVER HASTA QUE SE COCINEN LOS HUEVOS. LA PREPARACIÓN DEBE QUEDAR "JUGOSA". ORIGINALMENTE SE SERVÍA SOBRE UNA TOSTADA (PARA EL DESAYUNO).

DOS PLATOS BIEN ARGENTINOS

La "paradoja argentina", a diferencia de la francesa, nada tiene que ver con el vino. Nos referimos a las comidas que realmente se pueden considerar como una auténtica creación nacional. Ni asado, ni empanadas. Ni puchero, ni locro. Los únicos platos atribuibles al ingenio argentino son la milanesa napolitana y, sobre todo, el revuelto Gramajo. No existen dudas de que la primera nació frente al Luna Park, en el restaurante Napoli. Lo curioso es que el plato logra aunar a los irreconciliables norte (Milán) y sur (Nápoles) de una Italia cuyas costumbres han marcado a fuego a nuestra sociedad.

Poco importa en cambio si el revuelto Gramajo lleva su nombre por un lugarteniente del general Roca o de un "bon-vivant anclao en París". Sea quien fuere el tal Gramajo, es cierto que creó una manera "argentina" de comer huevos con jamón.

SALSA GOLF

El chumichurri y la salsa criolla, se sabe, son dos infaltables ingredientes para acompañar el asado. Para el primero cada maestro tiene su librito y nadie quiere revelar su propia receta. La criolla es casi una ensalada en sí misma. Creaciones argentinas al fin, a las cuales no les falta el "avinagramiento" tan poco favorable para resaltar los sabores y aromas de vinos y comidas.

Lo que casi nadie recuerda es que la salsa Golf es también un invento local. Y su creador, nada menos que el Premio Nobel de Medicina Luis Federico Leloir. El célebre científico era habitué del Golf Club de Mar del Plata, donde solía pedir langostinos grillados. Un día se le ocurrió cambiar la mayonesa con la cual sazonaba los mariscos. Tras probar diferentes opciones, pidió al mozo que le trajera algunos ingredientes. Tras varias pruebas le gustó una en especial: la mezcla entre ketchup y mayonesa. Así nacía la salsa Golf, que llevaría ese nombre como homenaje al lugar donde fue creada. Leloir no tuvo el buen tino de patentar el invento. Prueba elocuente de que los científicos carecen de instinto comercial.

Milanesa a la Napolitana

INGREDIENTES (CUATRO PERSONAS):

- 1/2 KILO DE NALGA, BOLA DE LOMO, PECETO O CUADRADA DE TERNERA

- 2 Ó 3 HUEVOS

- 100 GRAMOS DE JAMÓN COCIDO

- 150 GRAMOS DE MOZZARELLA

- SALSA DE TOMATE

- SAL

- PIMIENTA

- ORÉGANO

- PAN RALLADO

PREPARACIÓN:

BATIR LOS HUEVOS, EMBEBIENDO LA CARNE CORTADA EN FETAS DE NO MÁS DE 2 CENTÍMETROS DE ESPESOR Y PASARLAS LUEGO POR EL PAN RALLADO. PONER LAS MILANESAS EN EL HORNO Y UNA VEZ QUE ESTÁN DORADAS POR FUERA, SE COLOCA POR ENCIMA LA SALSA DE TOMATE, UNA FETA DE JAMÓN Y LA MOZZARELLA. VOLVER AL HORNO Y ESPERAR QUE EL QUESO ESTÉ DERRETIDO.

La máxima expresión.

LAS CUATRO REGIONES
GASTRONOMICAS

La Argentina culinaria se puede dividir perfectamente en cuatro regiones bien definidas: noroeste, noreste, pampeana o central, y patagónica. Cada una tiene un perfil que se adecua a los productos de la región, a las costumbres de sus antiguos habitantes y a los aportes de los que fueron poblando estas tierras.

La región del noroeste es la que mantiene la influencia incaica que bajó del Alto Perú, con el agregado posterior de algunas corrientes inmigratorias, como la árabe, que ha dejado su impronta sobre todo en las famosas empanadas salteñas, tucumanas y jujeñas. El locro, las humitas y los tamales son clásicos que tienen al maíz como su principal ingrediente. Ultimamente se observa una revalorización de varios productos que cultivaban los incas: quinoa o quinua, papas andinas como la oca, el chuño (papa deshidratada al sol), los maíces andinos. En el noroeste predominan los vegetales y abundan los guisos. La carne de llama tiene gran predicamento, lo cual se hace más ostensible a medida que uno se dirige hacia el norte. El ají omnipresente es un aditamento que le da sabor e identidad a los platos regionales. Y el chivito es común a toda la franja andina hasta Cuyo, que puede considerarse una subregión (centro-oeste). Un clásico de esta zona es el pastel de papas, que los mendocinos preparan con

canela y pasas de uva, pero que admite otras variantes.

El noreste se presenta con una clara influencia guaraní. Mandioca, zapallo, mamón y pescados de río, son entre otros los productos más usuales que se observan en la culinaria regional. Dorado, surubí y pacú son delicias de nuestros cursos de agua que se consumen en la zona litoraleña, pero que lamentablemente no resultan afines al resto del país.

La zona central pampeana es el reino del asado vacuno, al asador, con o sin cuero. La papa, la carbonada, las empanadas y los guisos con carne también son alimentos frecuentes de esta región. Sin embargo, como estamos en la zona núcleo donde los cultivos predominantes son los cereales y

las oleaginosas, no existe una gran tipicidad como en otros lugares del país. En los sectores rurales, la población consume frutas y verduras cultivadas en sus propios campos.

Por último, la región sur o patagónica es la de mayor diversidad, ya se trate de la franja costera o la andina. El cordero es único exponente afín a toda la meseta patagónica y referente obligado de la gastronomía sureña. Se cocina al asador durante varias horas. El ganado vacuno, al sur del Paralelo 40, se halla aislado con el propósito de preservar la zona libre de aftosa. Por lo tanto, la carne vacuna no posee la genética y menos todavía la terneza que le otorgan los pastizales de la Pampa húmeda.

El ciervo, en especial con la zona de los lagos como epicentro, prevalece entre las carnes de caza mayor. Las frutas del Alto Valle, los berries de El Bolsón, las morillas, las frutas secas y esa isla gastronómica que han instaurado los galeses cerca de Trelew, en Chubut, le dan fisonomía a la culinaria de la región. Truchas y salmones de ríos y lagos, carnes ahumadas y los chocolates, de raigambre suiza, sobresalen en Bariloche y aledaños.

Pero aún falta el litoral marítimo, con la centolla, reina del extremo sur, al igual que las ostras, vieiras y almejas rionegrinas. Y también los pescados, que tienen su toque de refinamiento con la merluza negra de aguas profundas. Lenguados, corvinas, besugos, pescadillas, trillas y merluza hubbsie son habituales protagonistas de la culinaria patagónica costera.

La máxima expresión.

PARRILLADA

La parrillada es el verdadero festín carnívoro de los argentinos. Al carbón o a la leña, generalmente incluye asado fino, vacío, mollejas, chinchulines, riñones, pollo, chorizo, morcilla, provoleta y a veces ajíes. La mayoría de los lugares suele servir la parrillada en un pintoresco brasero, que tiene la "virtud" de que la carne se coma recocida, en tanto la ropa se impregna del clásico olor a humo. Algunas parrillas, más sensatamente, acostumbran a servir la comida paso a paso y agregando platos calientes.

Cada parrillero tiene sus propios secretos, pero hay cosas que no se discuten, como dar vuelta la carne una sola vez, colocarla primero del lado del hueso y con la grasa hacia abajo, no tajear la carne ni pinchar los chorizos, poner las achuras directamente sobre la parrilla sin someterla a hervor ni otro tratamiento previo y comer la carne jugosa para sentirle el verdadero gusto.

ASADO AL ASADOR

Es la forma primitiva como se cocinaba la carne en la llanura pampeana antes de que se conociera la parrilla. Se practica en el campo, donde costillares vacunos, chivitos, lechones y corderos se asan lentamente a la llama y a las brasas. Es una cruz de hierro donde se cuelga la carne. Su uso es poco recomendable en las parrillas de la ciudad, donde la sobrecocción es inevitable. También es común que lo que sobra del mediodía se sirva a los comensales que van a cenar a estos locales.

EMPANADAS

Ya son un clásico de la gastronomía local, reforzado por las nuevas costumbres del "delivery". De incierto origen, llegaron al país de la mano de los españoles, que a su vez recibieron la herencia de los moros. Cada provincia tiene su particular manera de prepararlas, ya sean fritas o al horno. La masa se prepara con agua, harina y grasa de pella, y llevan carne vacuna picada o cortada a cuchillo y cebolla picada.

La empanada salteña, un clásico entre los clásicos, es la única que lleva papa y se cocina en el horno de barro. También se rellenan con carne cortada a cuchillo, aceitunas, pimentón y huevo duro. Deben ser bien jugosas. A diferencia de las tucumanas, no se agregan pasas de uva. Las jujeñas son parecidas a las de Salta, también pequeñas. Las mendocinas tienen pimentón dulce y las puntanas van con pasas de uva.

Hoy es común encontrar empanadas que desvirtúan el origen. Las hay de verdura, pollo, atún, jamón y queso, humita y con el relleno que se le ocurra.

Vinos de Argentina

CARBONADA

Guiso que suele servirse dentro de un zapallo ahuecado. Tiene la particularidad de su sabor agridulce, acentuado por la presencia de orejones de durazno o directamente la fruta fresca, más el zapallo y la batata.

Lleva choclos, cebolla, tomate, carne vacuna (falda), sal, ají picante molido y pimentón.

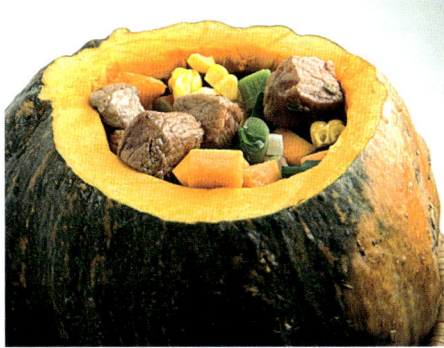

PUCHERO

Descendiente del cocido español, es una versión actualizada de la olla podrida, un plato que se preparaba en la época de la colonia. Puede ser de carne vacuna o de gallina (más aporteñado), con rabo, caracú, chorizo criollo y colorado, panceta, porotos y garbanzos, papa, batata, zapallo, zapallito, zanahoria y repollo. La cocción debe hacerse por separado según sean los distintos productos, para evitar la sobrecocción de algunos de ellos.

MILANESA

El plato más popular del país viene siempre acompañado por papas fritas o puré, a veces con uno o dos huevos fritos, "a caballo". Se utiliza carne vacuna (peceto, bola de lomo, nalga), aunque también pueden ser de pollo o de cerdo. El grosor de la carne depende del gusto particular de cada uno. La versión auténticamente argentina es la milanesa a la napolitana, nacida por casualidad en un restaurante porteño.

HUMITA Y TAMALES

Dos platos del noroeste elaborados con el americanísimo maíz. La humita se presume que tiene un origen incaico.

Se sirve en hojas de chala, con granos tiernos de maíz blanco, tomates, ají pimiento, distintas hierbas y sal. El plato tiene un dulzor muy particular. Los tamales son chalas que recubren la harina de maíz, carne vacuna cortada a cuchillo, grasa de pella, cebolla de verdeo y comino. Están más difundidos en el resto del continente que la humita.

La máxima expresión.

CHIVITO AL ASADOR

El chivito o cabrito, denominación que varía según la provincia, se cocina en el asador a fuego lento durante varias horas. La carne es blanca y fibrosa. Está presente en todo el país, ya que se trata de un animal que se adapta a climas y suelos muy rigurosos. Los mejores chivitos de la Argentina están en Malargüe, en el sur de Mendoza, donde se ha logrado desarrollar la cría orgánica con certificación de origen. Pero los hay también muy buenos en el NOA, Córdoba, San Luis y hasta en la región pampeana.

PEJERREY FRITO

Es el pescado más típico de nuestro país. Puede ser de río, laguna o de mar. Su carne es muy tierna y blanca. Como especie de agua dulce es la más estudiada entre las autóctonas. Desde 1966 se exportan huevas para cría al Japón, donde se aprecia mucho por su gusto particular. Puede prepararse de muchas maneras, pero frito a la cerveza es como mejor se manifiestan sus condiciones naturales. Cuanto más grande sea su tamaño, mejor se apreciará el sabor de su carne.

DORADO A LA PARRILLA

El rey del Paraná es un pez de notable tamaño que impresiona por su coloración. La carne es grasa y de sabor pronunciado. Suele prepararse a la parrilla, aunque en algunas provincias del noreste se aprovecha además en milanesas. Sin embargo, grillado es como mejor se aprecia su calidad.

FRANGOLLO

Este plato es típico de los valles Calchaquíes salteños. Se prepara con maíz blanco molido un punto menos respecto a como se lo hace para la polenta. Su preparación es bastante sencilla y rápida. Se utiliza 1 kilogramo de maíz, alita (carne vacuna cuyo corte es parecido a la falda), panceta, carne de cerdo con hueso, 1 kilo de zapallo y 1 cebolla. Los condimentos son sal, pimiento, ají pimiento, caldo de verdura y un diente de ajo.

Para la salsa, se requiere aceite, pimentón y cebollita de verdeo. La preparación se inicia hirviendo el maíz en agua, junto a la carne, durante una hora y media. Luego se incorpora el zapallo, la cebolla picada, el pimiento, el ajo cortado y el perejil, con el resto de los condimentos. Hervir durante una hora más, mezclando constantemente.

CORDERO AL HORNO CON ROMERO

El cordero puede prepararse al asador o al horno, por lo general en cocción lenta. La hierba que más se adapta a su sabor tan particular es el romero y el vino perfecto para su maridaje es el especiado Syrah. Por tradición, la cría ovina se ha llevado a cabo en la Patagonia, pero diversos factores provocaron en la última década una caída alarmante de la actividad. En los últimos tiempos se observa una recuperación, que coincide con la cada vez más difundida denominación de origen patagónica.

OSTRAS Y ALMEJAS AL NATURAL

Las costas rionegrinas nos ofrecen ostras y almejas de tamaño y sabor inconfundible. Naturales, sólo con jugo de limón y con el agregado de una pizca de salsa tabasco, son una invitación al placer. Un espumoso seco o un sauvignon natural resaltan sus características tan especiales.

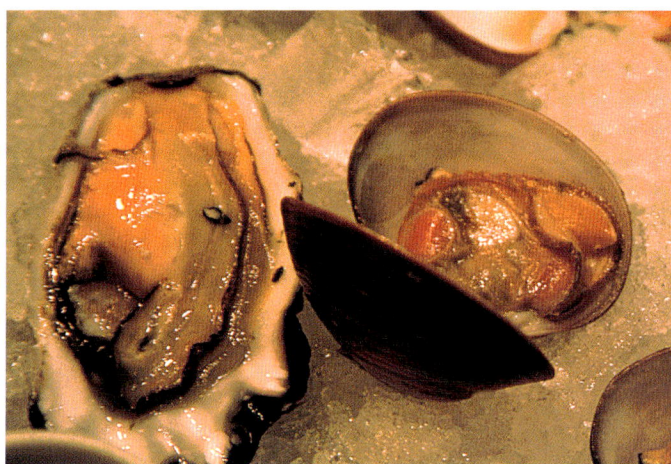

AHUMADOS PATAGÓNICOS

En la Patagonia se ha logrado una especialización en el arte del ahumado, que hoy ya se extiende fuera de la región. Los hay de salmón, trucha, ciervo, jabalí, choique (ñandú petiso) y queso.

PASTEL DE PAPAS

Es un plato típico de nuestro país que alcanza su mayor grado de perfección en Mendoza. Suele prepararse con carne picada, puré de papas, aceitunas, cebolla, pasas de uva y canela. Fuera de la provincia cuyana suelen obviarse estos dos últimos ingredientes.

La máxima expresión.

SANDWICHES DE MIGA

No se puede considerar una comida en sí misma, pero no hemos visto en ningún lugar del mundo los tradicionales sandwiches de miga tal como se preparan en nuestro país.

Simples de jamón o de queso, triples de jamón y queso son los más comunes, con mayonesa o manteca como aderezo. Hoy las combinaciones son numerosas, aunque algunas realmente resultan bastante discutibles. Un clásico argentino.

MATAMBRE ARROLLADO

LOCRO

Típico plato latinoamericano de raíces incaicas. Es un guiso cuyo ingrediente básico es el maíz blanco desgranado. Suele llevar porotos, chorizo colorado, chorizo común, zapallo, patitas de cordero, cebolla de verdeo y pimentón. Es común servir por separado una salsa roja picante para los que se animan a los sabores potentes.

Otro clásico porteño, pariente cercano de la cima genovesa. El matambre es un corte propio de nuestro país. La carne se hierve y se rellena con zanahoria, huevo duro, hojas de acelga y cebolla. Se come frío y generalmente acompañado por ensalada rusa.

PANQUEQUES DE DULCE DE LECHE

Uno de los postres más típicos de nuestro país, al que se le agrega azúcar espolvoreada, a la que luego se quema para darle un gusto muy especial.

CUARESMILLO

El cuaresmillo es un durazno pequeño que crece luego de la segunda floración de la planta. Este fenómeno no se produce todos los años. Cuando ocurre, la cosecha se realiza aproximadamente para la época de la cuaresma (luego de marzo) y de ahí el nombre con el que se lo conoce. Para preparar el dulce, se hace una lejía con ceniza de leña y agua. Antes del hervor, se le saca la pelusa y se agregan 800 gramos de azúcar por cada kilo de cuaresmillo.

POSTRE DE VIGILANTE

Queso fresco y dulce de membrillo. Así de simple, una feta encima de la otra. Como lo comían Borges y se suponen los policías que le dieron la denominación mucho más difundida que la de queso y dulce. Otra variante es el fresco y batata, o el Martín Fierro, que se diferencia del anterior solamente porque se sirve dulce de batata.

La máxima expresión.

143

Vinos de Argentina

VINOS Y COMIDAS

¿Qué está primero, el vino o la comida? Por lo general, primero se eligen los platos y después la bebida. Desafortunadamente, sigue inalterable la costumbre de algunos mozos de preguntar qué desea uno para beber cuando en realidad apenas se ha visto parcialmente la carta. Sin embargo, las cosas están cambiando gracias al interés de los consumidores por aprender y a la cada vez mayor calidad de nuestros vinos. Por otra parte, ya no resulta tan extraño observar la presencia de sommelieres en los restaurantes, que tienen como propósito orientar y aconsejar al cliente sobre maridajes y precios. En esto último, vale sobre todo la astucia del profesional para darse cuenta del perfil y las posibilidades económicas del comensal.

Sabemos que lo habitual es buscar el maridaje luego de elegir la comida. Por una vez, hagamos el ejercicio al revés dándole prioridad a estos últimos. Los cepajes mencionados son los más difundidos en nuestro país.

BLANCOS

CHENIN: variedad que se adapta con facilidad a muchas comidas. Va bien con mariscos, pescados, carnes blancas, ensaladas de hojas verdes y hasta con espárragos, difíciles de combinar con cualquier vino. También con algunos postres no demasiado elaborados.

CHARDONNAY FRESCO Y FRUTADO, SIN MADERA: combina con pescados blancos — salmón, abadejo, lenguado, chernia, corvina y besugo — a la parrilla o a la plancha —, langostinos, pasta seca con salsa de tomate o pesto.

CHARDONNAY ROBLE, ESPESO Y CON CUERPO: salmón rosado a la parrilla o a la plancha, cazuela de mariscos, risotto a la milanesa, con vegetales o con frutos de mar. También acuerda con pescados blancos como los mencionados anteriormente.

SEMILLÓN: cepaje que ha desarrollado muy bien en el Alto Valle del Río Negro y las zonas más altas de Mendoza. Truchas y salmones del sur le van perfectamente. Puede acompañar también a las pastas rellenas (verdura, salmón, ricotta) y hasta forma un interesante cortejo junto al puchero mixto.

SAUVIGNON BLANC: sus características lo hacen ideal para beberlo con ensaladas frescas, ostras naturales, mariscos en general, marinadas de carnes blancas y pescado, este último preferentemente a la plancha o asado. Ideal para el verano acompañando platos frescos.

VIOGNIER FRESCO Y FRUTADO, SIN MADERA: muy buen consorte de pescados a la parrilla, a la plancha y al horno, solos o con salsas suaves. También integra un buen maridaje junto a los mariscos servidos al natural, o a la plancha.

VIOGNIER ROBLE, ESPESO Y CON CUERPO: por sus características puede servirse con carnes blancas a la parrilla o al horno. Asimismo, va bien con pescados con salsas o preparaciones más elaboradas.

TORRONTÉS DE EXPORTACIÓN, ELEGANTE, DE AROMA SOSEGADO: si bien se lo puede asociar con la cocina asiática en general o la mexicana, es una alternativa adecuada para otras opciones según los destinos de exportación. Por su carácter más tranquilo se adapta mejor que el de consumo local.

TORRONTÉS ESTILO "SALVAJE": se nota mucho más la tipicidad varietal, sobre todo el proveniente de Cafayate. La identificación geográfica lo hace ideal para las empanadas salteñas y platos regionales del Noroeste Argentino, como el locro, los tamales y la humita.

RIESLING: su origen alemán lo hace muy apto para algunas comidas típicas de esa zona de Europa, como las costillas de cerdo ahumadas. Buena alternativa para todos los cortes porcinos preparados de diverso modo, especialmente con acompañamientos agridulces, como el puré de manzana.

La máxima expresión.

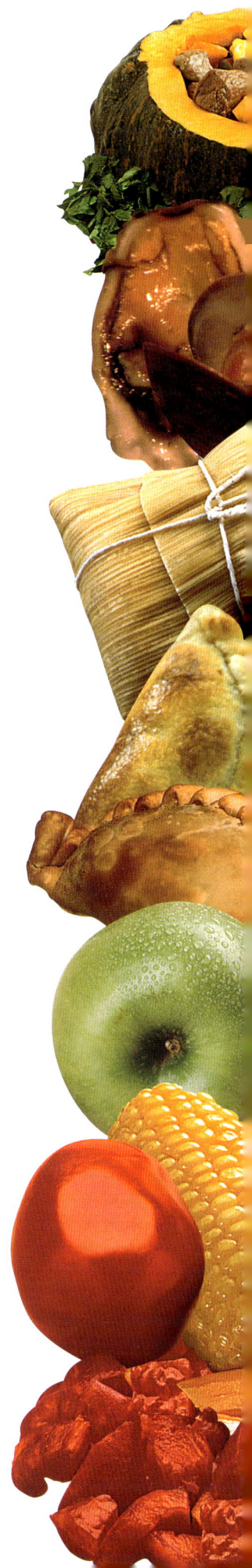

TINTOS

MALBEC JOVEN Y FRUTADO: las carnes rojas a la parrilla o al asador, ya sean bovinas, porcinas o caprinas, tienen una simbiosis especial con este genuino representante de los vinos argentinos. No deben descartarse las preparaciones cárnicas rellenas, como el matambre arrollado.

MALBEC ROBLE, COMPLEJO Y DENSO: también ideal para el asado y la parrillada completa, pero sobre todo para cualquier carne roja salseada. Por ejemplo, un clásico como el lomo al champignon se ve realzado con la complejidad de este cepaje, luego del paso por madera.

MERLOT JOVEN Y FRUTADO: el arroz con pollo, el chivito al asador y el risotto con funghi son algunas opciones que destacan la armonía de esta cepa considerada como una de las más finas y delicadas.

MERLOT ROBLE, COMPLEJO Y DENSO: las carnes rojas en general, a la parrilla o al asador, con o sin salsas, son ampliamente recomendables con la complejidad de esta variedad. No desdeñar, por ejemplo, un chivito a la cazadora o al disco de arado.

CABERNET SAUVIGNON JOVEN Y FRUTADO: las carnes rojas a la parrilla o con salsas suaves siguen ofreciendo más opciones, como un Cabernet Sauvignon nuevo. Las achuras, sobre todo las mollejas, son además un complemento ideal para saborearlo en su veta joven y ligeramente salvaje.

CABERNET SAUVIGNON ROBLE, COMPLEJO Y DENSO: continuamos en la línea de las carnes rojas asadas, pero mejor todavía si se trata de un lomo a la pimienta o de las carnes de caza con salsas tradicionales, nunca agridulces. Más aconsejable aún en ocasión de una comida sin apuros, para disfrutar plenamente.

SYRAH: sus características propias lo hacen un clásico para acompañar platos de cordero, ya sea al asador o al horno, con distintas preparaciones. Algunos platos especiados de la cocina de Medio Oriente casan perfectamente, al igual que otros de la rica gastronomía hindú.

PINOT NOIR: carne aviar, mollejas, riñones, pato (excepto a la naranja), y especialidades francesas como el boeuf bourguignon. Esta cepa se adapta con facilidad a muchas opciones de comida. Personalmente lo hemos probado varias veces con pescados de río a la parrilla, con resultado exitoso.

TEMPRANILLO: paella, callos a la madrileña, jamones ibéricos, pescados a la plancha y a la vasca. Todas estas opciones de comida española se realzan con este cepaje que viene ganando espacio en el medio local, gracias al esfuerzo de algunas bodegas que han logrado valorizarlo como merece.

BONARDA: pastas secas y rellenas en general, antipasto italiano. La variada cocina peninsular ofrece numerosas alternativas para este varietal, que es uno de los más prometedores de nuestro país.

SANGIOVESE: pastas en general, polenta, pizzas y calzones. Sin grandes diferencias con el Bonarda a la hora de elegir platos de la cocina italiana, este cepaje que se identifica con el Chianti se adapta a la mayoría de las opciones más representantivas de su país de origen.

DULCES Y LICOROSOS

BLANCOS DULCES, FRESCOS Y FRUTADOS: para contrarrestar el fuerte sabor de los quesos azules resulta atinado acompañarlos con un vino de estas características. Entre los postres, se combinan bien con el clásico flan, la ensalada de frutas y los duraznos frescos.

BLANCOS DULCES, INTENSOS Y COMPLEJOS: al ser más melosos y contundentes, resultan más aptos para un plato de sabor profundo como el foie gras. Vale la pena también probarlos junto a una mousse de chocolate o de dulce de leche, y con postres elaborados en base de una variada combinación de sabores.

TINTOS LICOROSOS ESTILO OPORTO: sin dudas que el chocolate, o los postres que estén preparados con una alta presencia de cacao, no encuentran mejor compañía que un licoroso de las características del Oporto. Dúo ideal para culminar con una comida que se ha disfrutado en plenitud.

ESPUMOSOS ⎯⎯⎯⎯⎯⎯⎯

BLANCOS: pescados, mariscos y ostras frescas, son opciones muy adecuadas para los espumantes del tipo brut, extra brut y brut nature. Entre los frutos de mar, la combinación con langostinos, centolla o langosta es una tentación difícil de resistir.

ROSADOS: un espumoso seco rosé también se puede adecuar a los platos mencionados con anterioridad. Pero bien vale la pena hacer la prueba con un dorado a la parrilla sin adobar, por ejemplo, para comprender el grado de flexibilidad de esta bebida.

TINTOS: no son tan usuales en el consumo diario, pero los pescados van muy bien con un espumante tinto seco, al igual que las ensaladas, tan presentes en temporadas donde la temperatura aconseja los platos frescos y ligeros. Entre los italianos, es frecuente acompañar las pastas con algún espumante tinto.

La máxima expresión.